2024

JANUARY
SU	MO	TU	WE	TH	FR	SA
	1	2	3	4	5	6
7	8	9	10	11	12	13
14	15	16	17	18	19	20
21	22	23	24	25	26	27
28	29	30	31			

FEBRUARY
SU	MO	TU	WE	TH	FR	SA
				1	2	3
4	5	6	7	8	9	10
11	12	13	14	15	16	17
18	19	20	21	22	23	24
25	26	27	28	29		

MARCH
SU	MO	TU	WE	TH	FR	SA
					1	2
3	4	5	6	7	8	9
10	11	12	13	14	15	16
17	18	19	20	21	22	23
24	25	26	27	28	29	30
31						

APRIL
SU	MO	TU	WE	TH	FR	SA
	1	2	3	4	5	6
7	8	9	10	11	12	13
14	15	16	17	18	19	20
21	22	23	24	25	26	27
28	29	30				

MAY
SU	MO	TU	WE	TH	FR	SA
			1	2	3	4
5	6	7	8	9	10	11
12	13	14	15	16	17	18
19	20	21	22	23	24	25
26	27	28	29	30	31	

JUNE
SU	MO	TU	WE	TH	FR	SA
						1
2	3	4	5	6	7	8
9	10	11	12	13	14	15
16	17	18	19	20	21	22
23	24	25	26	27	28	29
30						

JULY
SU	MO	TU	WE	TH	FR	SA
	1	2	3	4	5	6
7	8	9	10	11	12	13
14	15	16	17	18	19	20
21	22	23	24	25	26	27
28	29	30	31			

AUGUST
SU	MO	TU	WE	TH	FR	SA
				1	2	3
4	5	6	7	8	9	10
11	12	13	14	15	16	17
18	19	20	21	22	23	24
25	26	27	28	29	30	31

SEPTEMBER
SU	MO	TU	WE	TH	FR	SA
1	2	3	4	5	6	7
8	9	10	11	12	13	14
15	16	17	18	19	20	21
22	23	24	25	26	27	28
29	30					

OCTOBER
SU	MO	TU	WE	TH	FR	SA
		1	2	3	4	5
6	7	8	9	10	11	12
13	14	15	16	17	18	19
20	21	22	23	24	25	26
27	28	29	30	31		

NOVEMBER
SU	MO	TU	WE	TH	FR	SA
					1	2
3	4	5	6	7	8	9
10	11	12	13	14	15	16
17	18	19	20	21	22	23
24	25	26	27	28	29	30

DECEMBER
SU	MO	TU	WE	TH	FR	SA
1	2	3	4	5	6	7
8	9	10	11	12	13	14
15	16	17	18	19	20	21
22	23	24	25	26	27	28
29	30	31				

让手作自由
带你做会赚钱的手艺人

颜颜颜手作疗愈 著

化学工业出版社
·北京·

内容简介

　　本书是一本写给手艺人的手作经营书，内容包括手艺人定位、手作原创设计、手作拍照宣传、手艺人商业模式和个人品牌创立的方法等。本书的写作目的是帮助各个类目的手艺人实现手作技术自由、创意自由，最后达到变现自由。作者结合自己8年的手作创业经历，总结出适合手艺人各个维度能力爆发式增长的有效方法。无论是手作爱好者、手作副业从业者，还是全职手艺人，都能通过本书提升认知，获得心理能量和实用干货。学习完本书，手艺人能学会原创、拍照展示、包装设计、各种变现模式、宣传推广等，进而成为一名会赚钱的手艺人。

图书在版编目（CIP）数据

让手作自由：带你做会赚钱的手艺人/颜颜颜手作疗愈著.
—北京：化学工业出版社，2024.3（2024.9重印）
ISBN 978-7-122-44632-9

Ⅰ.①让⋯　Ⅱ.①颜⋯Ⅲ.①手工业者-介绍-中国-当代 Ⅳ.①K828.1

中国国家版本馆CIP数据核字（2024）第000361号

责任编辑：孙晓梅　　　　　　　　　装帧设计：溢思视觉设计/蔡多宁
责任校对：王鹏飞

出版发行：化学工业出版社
　　　　　（北京市东城区青年湖南街13号　邮政编码100011）
印　　装：北京宝隆世纪印刷有限公司
880mm×1230mm　1/32　印张 $4\frac{1}{4}$　字数100千字
2024年9月北京第1版第2次印刷

购书咨询：010-64518888　　　　　　售后服务：010-64518899
网　　址：http://www.cip.com.cn
凡购买本书，如有缺损质量问题，本社销售中心负责调换。

定　　价：58.00元　　　　　　　　　版权所有　违者必究

人人都是自己的CEO

彭信之

为一本关于手艺人的书写序，我打算从这个社会开始聊起。这听起来有点别扭，但如果你肯付出一点时间读完，我相信你会对手艺本身有更深刻的理解。

现代管理学之父彼得·德鲁克在谈到20世纪人类社会最重要的变化时，谈到的不是两次世界大战，而是知识工作者（Knowledge Worker）的崛起。所谓知识工作者，就是运用头脑中的知识开展工作的人（没错，手艺人就是知识工作者）；所谓崛起，就是他们越来越多地出现在我们身边。不信的话，你可以抬头看看身边的同事，他们可能是法律专家、财务顾问、工程师、销售顾问、形象设计师等，对他们来说，头脑中的知识是最重要的生产资料，他们运用知识开展工作，创造价值。

这样的知识工作者管理起来难度当然会大很多，这也是让所有企业管理者颇为头疼的问题。因为如果知识无法得到充分的释放并持续增值，知识工作者就会焦虑，没有成就感，就会对工作失望并考虑选择离开——这与我们的父辈完全不同。在那个时候，企业最核心的生产资料是厂房、设备，个人在面对这一切时毫无疑问是渺小的。而今天，任何一名知识工作者的离开都意味着资产的流失，感到担心的由个人变成了企业。

随着知识工作者的数量在我们的社会中不断地增加并成为主力军，整个社会的发展趋势终于发生了质的变化，体现为三个典型的特征并渗透到社会的每个角落。

第一，知识没有了疆界，不再为某些人所专用，知识的传播甚至比资金流通还容易，任何人只要手里有手机，就能够看到各种各样的学习资源——只要你想学，知识得来全不费功夫。

第二，向上流动有了无限的可能，这让每个有一技之长的知识工作者都有了力争上游的机会。这个机会的获得在我们的父辈那里曾是如此艰难，但是因为有了知识的加持，一切都变得不同。

第三，成功和失败的概率均等。尽管获得知识变得容易，也有了向上流动的无限可能，但并不是每个人都能成功，要想成功还需要很多条件的加持。

这三个特征意味着我们正在从"工业社会"进入"知识社会"，每个知识工作者都应该对自己的职业生涯承担起最大而且是最终的责任。

谈到这里，我终于说到了重点：手艺人。

从本质上而言，手艺人就是知识工作者；从职业轨迹上看，手艺人完全可以离开传统意义上的组织成为自己的老板，因为手艺本身就是生产资料；从职业可能性上看，手艺人这一古老的职业完全可以借助知识时代的契机创造全新的职业生涯，走出一条与前辈不同的路。

作为手艺人，我们有自己的骄傲，有自己的审美标准，有自己习惯的做事方式，也有自己对艺术的执着。然而手艺人的成长之路并不平坦，辛苦做出的样品可能会被贬低得一无是处，也可能无人问津。相比于在一家企业当中平稳地度日，一个人要凭自己的手艺获得尊严和自由，何其难也。

手艺人要如何突围？

颜颜的这本《让手作自由：带你做会赚钱的手艺人》就是一条突围之路的探索，如果用一句话提炼，我想本书的一个注脚应该是：顺应时代，让改变发生。

要顺应的时代是前面提到的知识社会的现实，而这个改变首先要从改变自己开始。

改变自己的什么呢？

学会管理！

我们往往对管理有一些误解，觉得那只是大公司的把戏。事实绝非如此。有效的管理不仅可以帮助一个组织经营好自己的事业，也可以帮助一个人经营好自己的职业生涯，我甚至与美国学者杜绍基先生写过一本如何应用德鲁克管理学校的书《当校长遇见德鲁克：冰山下的领导力》，深受教育界同行的认可。

手艺人又当如何应用管理呢？举一个例子，在谈到企业管理的两项核心职能时，德鲁克的总结是营销与创新，其中，创新是要去洞察消费者行为的深层动机，并通过产品或服务创造全新的价值，甚至可以创造顾客的需求；营销则是要让销售变得没有必要，让产品瞄准的客户群体可以看到、听到、感受到产品对痛点的直击，并激发他们购买的欲望。这个观点，在《让手作自由：带你做会赚钱的手艺人》一书中得到了淋漓尽致的体现：手艺人，必须把自己当作IP一样去经营。

很多手工艺人不赚钱，颜颜发现原因有三：手工技术不过关、缺乏美感和创造力，以及不会自我宣传。这三点正是指向了营销与创新在手艺人的层面上需要做的事情。如何创造性地设计出有灵魂的产品？如何走进顾客的内心深处去互动？应该在哪些维度上做好服务甚至是产品包装？这都需要在深刻理解顾客的基础上进行创新而不是照抄照搬他人的创意。如何让顾客群更好地了解到你以及你的产品的特质？这些顾客在哪里？什么样的沟通方式是他们喜欢的？手艺人的价值观、个人形象、对于手作经营的观点和经验方法等如何传递出去？如何与你的顾客共情……这些问题将管理的规律与手艺人具体的工作结合到一起，是每一个手艺人都必须想清楚的事情，而这些事情，也正是这本书所关注的。

总之，本书尽显诚意，颜颜将自己教授了数百名手艺人学员的心得全部汇集，你可以在这本书中看到一名普通的手艺人如何通过有效的管理，从全职妈妈晋级为10万粉丝手作博主。如果你也是一位手艺人，这样的心路历程，一定会让你感同身受并备受鼓舞。

要在这样的社会环境当中脱颖而出，要做的第一件事情就是成为自己的CEO，对自己的职业生涯承担全部的责任。

这本书，正是负责的开始。

作为邻居，我时常会到颜颜家做客，会在陈列室里看到学员赠送的各种手作礼物，这些礼物彰显的是学员们对颜颜的尊敬与爱戴。在平日闲聊的过程中，总能看到颜颜时刻关注手机上学员的提问，并在第一时间给出反馈。她的线上直播课总是会超时，因为她希望每一名学员都能因为这样的学习而更多地受益。我们每次聊天，我都会在字里行间，在她的举手投足之间感受到她对这个行业的热爱，所以我喜欢这么形容颜颜：一位对生活热爱，对朋友真诚，对学员无尽耐心的手艺人。我相信在读这本书的过程中，你也可以感受到这样的能量。

彭信之

北京彼得·德鲁克管理学院20年最佳讲师

德鲁克校长工作室首席导师

著有《当校长遇见德鲁克》系列丛书

我们做的就是生活里最浪漫的事

殷越

　　专注于作品，是手艺人很重要的特质，但也正因如此，很多手艺人往往更擅长"做"，而不擅长"说"。埋头做作品的手艺人，容易忽视如何更好地与外界建立联系，也不了解用什么方式能让别人更好地了解自己、了解作品、了解作品承载的故事。

　　在信息化高速发展的今天，对于所有的创意行业而言，表达与传播都渐渐成为一个整体，经营的意义也扩展成为自我、创作、外界与价值的连接。如何认识经营已不只是手艺人必须面对的问题，也是对自我定位和创作价值的考验。

　　手艺人会不断地承受不确定性、自我否定和孤独感，这其实是很多全身心投入个体工作中的人都会遇到的情况，作为手艺人的一员，我也不例外。但我现在会把这种感受作为理所应当发生并接受的，将其看作是创作和探索必要的修行，而不是逆境。增加了妈妈的身份后，这种感受甚至是一种奢望。创作过程中，我常常会有新的灵感，但保持创作状态却很难，对于这种情况，没有好的解决方法，只能尽量坚持，相比关注负面情绪，更关注要做的事，关注人，爱生活，注意记录，学习反思，自处自爱。

　　作为手艺人，经营手作事业也是我逃不开的课题。在经营方面，除了手作作品的售卖，我主要的经济来源是和品牌合作的收入以及与平台合作的课程收入，这些都是一些比较实际的平衡生活开支和手作创作的方式，目前我也一直处于不断摸索的阶段，还有很多需要学习的东西。

读颜颜这本书时，我经常会有"我也是这样"的共鸣，书中所写是很多手艺人都会切身经历的情况。看到里面写到的她自己刚起步时感到手作道路前路迷茫那段，真的非常感同身受，好在我们都坚持了下来，都找到了适合自己的路。

我们手艺人现在做的就是生活里最浪漫的事情，如何用这件浪漫的事情养活自己是想把手艺做成一番事业的手艺人的必修课。颜颜的这本书里从创业的心路历程，到实用的经营方法均有涉及，希望通过学习这些经验，更多的手艺人能更好地实现自己的价值，并能持续专注地投入良性循环的创作状态中。

希望阅读本书的你，能从中学到经验、汲取力量，在手作的路上越走越远。

殷越
青年纤维艺术家
羊毛毡手艺人

前言

这是一本写给手艺人的手作经营书。

手艺人是以手工技能或其他技艺为业的人。工作是我们生命中很重要的事情,甚至对于大多数人来说,只有工作可爱了,生活才能可爱。所以手艺人真的是很幸运的一群人,因为我们大部分都是由于喜欢才主动选择了手作。我一直觉得,人的一生能做自己喜欢的工作,就像能嫁给自己挚爱的人一样可贵。创造力、热情、当下的快乐和成就,唯有热爱的工作才可以带来。

目前市面上有很多手作书籍,基本上都是以介绍手作技术为主。手作技术是手艺人的基础,但却不是全部。在我写这本书的时候,心里装了这样一个人,这是一个喜欢手作,但是不知道怎么靠手作养活自己的手艺人。"怎么卖出自己的手作?""做手工怎么赚钱?""手艺人怎么在互联网上获得流量?"这些是我做博主以来最常被问到的问题。从事手作工作8年以来,通过对市场的观察,看过无数个手作账号后,我发现国内手艺人遇到的更多的不是手作技术的问题,而是变现的难题。所以本书着重要解决的是手艺人"安身立命"的问题，也就是如何通过手作赚钱。其中包括原创创意、手作展现、变现方式、运营方法、手艺人个人IP等。

一点点让本事长在身上的感觉，实在、踏实又迷人。时间是个好东西，能帮助我们一点点积累，让手艺自由、让创作自由、让流量自由，进而让变现自由，成为一名会赚钱的手艺人。

目录

第一章　我的8年手作创业故事　001

1 工作和热爱　002
2 三万和四千（我的第一次手作创业）　004
3 又快乐又沮丧　005
4 第一桶金　008
5 向前走，不要怕　011

第二章　什么样的手艺人赚不到钱　015

1 手工技术不过关　016
2 缺乏美感和创造力　017
3 不会自我宣传　018

第三章　靠手作变现需要做的准备工作　021

1 提升手艺人的核心竞争力——原创能力　022
2 提升手作美感　030
3 包装无小事　035
4 多种手作类目的结合　038
5 找到适合自己的经营模式——手艺人的9种变现方式　040
6 零基础教你拍出手作好照片　051

第四章　如何做会赚钱的手艺人　　065

1 酒香也怕巷子深——学会手作产品营销　　066

2 如何运营手艺人个人IP　　078

第五章　手艺人是世界上最踏实的职业　　095

1 当下的真心　　096

2 以我的手抵达我的心　　097

3 终身学习　　098

4 手作人生的本质和真相　　100

第六章　手艺人的创业故事　　103

案例1 原创材料包店主——萌物癖　　104

案例2 布艺娃娃手艺人——板牙娜里　　106

案例3 黏土手艺人——李小沐mumu手作　　109

案例4 团建沙龙活动工作室主理人——喵爷77手工疗愈　　112

案例5 Ob11娃娃手艺人——淇淇doll　　114

颜颜老师对于手作创业的建议　　118

写在最后　　120

第一章
我的8年手作创业故事

1 工作和热爱/002

2 三万和四千（我的第一次手作创业）/004

3 又快乐又沮丧/005

4 第一桶金/008

5 向前走，不要怕/011

> 每个人心里都有一团火,路过的人只看到烟。但总有一个人,总有那么一个人能看到这团火,然后走过来,陪我一起。
>
> ——文森特·梵高

1 工作和热爱

8年前,刚大学毕业的我就进入了一家央企,这份工作清闲稳定,工资和各种福利也都不错,是一份被很多同龄人艳羡的工作。刚开始工作时,我满怀热情,可工作了一段时间后,我慢慢地发现,这个工作并不适合我。我是一个脑子里天马行空的人,喜欢探索和挑战,而我在这里更多的是从事一些重复性的工作,时间长了,我觉得很没有成就感,热情也慢慢消磨掉了。

一天,在一个冗长的会议上,在严肃的会议大厅里,我坐在18楼靠窗的位置向下看,突然脑海中产生了一个念头:"如果我明天就要死了,我今天还会在这里吗?我对现在正在做的工作没有热爱,而且它的未来发展我也不喜欢,那为什么要待在这里?"

这个念头产生后,就在我的脑海中疯长:我坚持做这份工作是因为需要挣钱养活自己,用时间交换金钱,可人不能预测自己哪天会死,我有很多喜欢做的事情,什么时候做?等一生的工作结束,退休之后,再去干自己喜欢的事情吗?那如果我没活到那天怎么办呢?如果我忍受着每天、每月的麻木工作,从20多岁到60多岁,经过漫长的30多年之后,没有办法迎来退休后的极致愉悦怎么办呢?到时候这件事情能找谁帮我解释清楚,让我可以逻辑自洽?好像不能。

"用时间交换金钱",本来约定俗成的事情,在死亡面前好像变得特别荒谬。

那时候我26岁,才毕业没几年,对当时的所思所想并没有深刻的认知。在三十几岁之后,我才知道,这次对生死的思考是我的一次内心的自我发现。我慢慢意识到,无论是择业道路、生存道路、恋爱道路,都比不上自我发现、与自己连接的道路更加艰辛和漫长。

自从"意识到"自己终有一天会死以后,麻木地用时间交换金钱的工作变得难以忍受,比每天3小时的地铁,比办公室的白眼还要令人难以忍受。我要走,我要自由,但对二十多岁的愣头青来说,要自由并不简单,头等难题就是不用时间交换金钱,我该用什么交换金钱?

在这之后,有一天,我在网上看到一张毛茸茸的、很温暖的蘑菇图片,它瞬间打动了我,看文字解释我了解到它是用手工做的,于是我跨越整个北京城,去找羊毛毡手作艺术家殷越老师拜师学艺,学习时间只有一下午,但也就是在这个下午,她让我看到了作为一个手艺人生存的可能性。也是在那个下午,我决定辞职,辞掉稳定的、在外人看来无比光鲜的央企工作。我也想像殷老师一样用手工养活自己,用手作交换金钱。那时候的我还不知道,这并不是一条好走的路,甚至可以说,这是一条很艰难的路。

2 三万和四千（我的第一次手作创业）

记得没辞职之前，我发现身边很多人都有名牌包，我有意无意地默默观察，发现好多人谈论的话题也离不开名牌包，那时候还很流行一个行业，叫奢侈品代购，二十出头的我对新事物非常好奇，马上添加代购微信，进行新知识的"学习"。看了看大概的"秒杀"价格后，我又默默地退出了购物界面，心想"这价格也太夸张了吧！"交不起"学费"的匮乏感在我心里蔓延开来。几轮"学习"下来，有一款方方的波士顿包入选了。我心想："马上要辞职了，总得买一个好包犒劳下自己，4980元的价格我能承受，就是它了。"但在马上要付款的时候，我突然意识到，不对，有些事情不太对，这个包能给我带来什么？快乐吗？自由吗？好像换不到。是4980元太少吗？好像也不是。我用它接近自由的最优方式是什么？有些思路了：我可以用它来启动我的手作小事业，因为它可以买很多很多的手工材料，很多羊毛，很多工具，很多手作书籍，并且足够我去学习手作课程了。然后我就能慢慢地接近我热爱的手作，接近自由。真好呀。我决定包不买了，买手工材料。于是我的第一笔手作创业金就是这笔本来想用来买包的钱——4980元。这笔钱实在不够我租实体店，那我就先从家里的客厅开始。后来我在一本讲创业的图书上看到一个词叫作"精益创业"，也就是用有限的资源创造最小可行性的产品，这说的不就是当时的我吗？

从决定辞职开始，一切就很"丝滑"了，年底奖金有将近3万元，大概可以支撑我两年的最低花销了，可以吃得差一点，米面油都不是很贵。实在不行我还可以靠着家人接济，总归不会饿死。记得递交辞职报告去公司走流程的当天，我的内心还是有些忐忑。等手续办完，我的紧张感瞬间释放，走路带风，转身大步走进写字楼外面温暖的阳光中，也从此走进了一段全新的生活。自由职业的"自由"二字对我的吸引力实在太大，大到足够我可以不管不顾，纵身一跃，一头扎进去。

做手工的时候，我感觉很快乐

然而就像你不顾一切、心怀喜悦地跳进湖里，才猛然发现自己还不会游泳，不马上学会游泳就会溺水，我在走上这条路后，才慢慢发现它比我预想的要艰难得多。

3 又快乐又沮丧

"雾太大我看不到岸，到底哪里才是岸？我的距离还远吗？我的方向对吗？我真的有一天能上岸吗？"雾太大，这些问题找不到人问，也没人能回答。

学习手作技术很难吗？我必须承认，对我来说并不难，因为我本身喜

欢手作，动手能力也比较强，所以没有寒窗苦读，没有悬梁刺股。由于辞职之后时间自由，我只用了几周时间就边玩边学会了各种手工技法，羊毛毡的平面造型和立体造型都知道怎么做了。那么既然技术学会了，是不是就有一身武艺，可以所向披靡了呢？当然不是。除了技术，其实当时的我需要学习的还有很多，比如如何做原创、如何运营账号，但可惜的是，当时的我并不知道自己需要学习这些。

　　整个"练功"的过程是快乐的，但又不完全是快乐的，具体来说，是又快乐又沮丧的。快乐不用多说，沮丧什么呢，不得不多说说。那是一种不需要用力就能得到的感受：在手作作品制作过程中的各种自我怀疑；在作品拍照发布后，只获得了一个自己点的赞时的失落；在无数个无人问津的日日夜夜，孤独地坚持；在终于有人询价但是报价后就没有回复的漫长等待……太多了。但是这些时刻不是沮丧的全部。我觉得最让人不安的是自由职业带来的前所未有的不确定感，就像在大雾弥漫的湖面游泳，我用尽体力尽量保持呼吸希望早日上岸，但是可怕的是雾太大我看不到岸，到底哪里才是岸？我的距离还远吗？我的方向对吗？我真的有一天能上岸吗？雾太大，这些问题找不到人问，也没人能回答。

　　但幸运的是，湖水是温暖的。

　　做手工就像泡在这种温暖的湖水里游泳，因为太喜欢手工并不觉得累,还很快乐,这样想来,只要还有氧气,持续游泳也不是不行。或者说在这种舒服的状态下,即使有朝一日爬上岸,可能也会义无反顾地转身再次跳入湖中。

作家梁宁曾经说过:"使命"这个词其实没有那么深奥,就是你要如何"使"自己的"命"。我确定了,我喜欢做手工,手作就是我在这个世上的使命。

那么问题又来了,做手工如果不能养活自己怎么办呢?我知道自己的使命了,但是如果做到一半没饭吃导致命没了,这不行,我不仅要自己有命,我还要抚养一个小生命(我的儿子)。在他的成长道路上,如果有一天,他仰起肉嘟嘟的小脸,眼眶红红的,扁着小嘴委屈地对我说:"妈妈,为什么其他小朋友都有很多奥特曼玩具,就我一个都没有?"我不能回答他:"因为妈妈要追求自己活过的证据。"在这种情况下,自己儿时盯着其他小朋友的芭比娃娃的记忆也会铺天盖地涌上来。我想如果没有生活基本的安全和体面,我没办法忽略内心的焦虑和匮乏感,更别提假装自由和坦然了。

于是明确的目标有了,我要留下作品,并且实现"月入五位数",我承认我确实是贪心的。

接下来我开始各种尝试,在各个可能赚钱的手作模式上旋转、跳跃。

4 第一桶金

"你必须像给老爷车打火一样，一直打一直打，直到打着为止。"——《救猫咪》

在手作创业的最初一个月，我把自己的作品发到微博、朋友圈、大众点评等网络平台，还去参加线下手工集市摆摊等，几乎所有能卖出自己作品的方法我都尝试过，却一直无人问津。可我一直没放弃尝试。也许是因为我的各种"打火"尝试，也许是我的幸运，我在儿子出生的第一年赚到了手作的"第一桶金"。

当时因为怀孕，我加入了一个在同一医院生孩子的宝妈群，因为有共同的话题，我和群里的妈妈们聊得很开心。有一天，我无意地把给儿子做的手工"疫苗本皮"发到了群里，一个妈妈看到后说她也想要，问能不能和我定制一个。我表面很淡定地回复了一句："可以呀，你想要什么样的呢？"其实我的内心是非常紧张的，尤其是后来私信报价时，因为我当时对报价还不太在行，所以整个过程我的心都没出息地怦怦乱跳，忐忑到过了这么多年我还记得当时的感受。当她把钱转给我时，我立马开心地抓住老公的衣服，大喊："啊啊！有人预订了我的手作。"不知道为什么，名牌包我可以说不要就不要，几百块钱的定制居然能给我带来如此巨大的快乐。

接到第一个订单后，我当然不敢怠慢，连夜就做好了这个订单，拍照发到宝妈群里，收获了很多善良宝妈的赞美和捧场，并且又陆续收获了很多订单。不同的是，后面我收钱的时候再也没有那么紧张过了。随着订单越来越多，有一个月我惊讶地发现，我居然赚了两万块钱，达成了靠手工

"月入五位数"的"贪心"目标。买家们在得知我是一个人制作,速度比较慢后,都表示愿意等待,于是当时我的订单都排到了半年以后。虽然需要付出的时间和心血是可想而知的,但我很肯定地意识到,感谢老天,我在完成"使命"的道路上,不会因为饿死,而没"命"了。

手工定制疫苗本

第一批订单太重要了，如果你遇到了在手作事业最初起步时支持你的人们，一定要用心对待。

之后我又推出了针对宝妈的定制胎毛纪念品、适合家装的毛毡装饰品等，都有不错的反响。

手工定制胎毛纪念品

手作毛毡装饰品

5 向前走,不要怕

一个月赚了两万元,钱收到了,但是我没有办法在一个月之内把这些订单全都做完。由于当时我还在带孩子,所以其实我一直处于一个需要熬夜做订单"还债"的状态。手作创业的第一年就遇到了手艺人的时间"天花板",每晚在孩子睡着之后都要爬起来做手工到深夜,我还自嘲道,我觉得我自己真的是语文课本里写的"烛光里的妈妈"。但那时候的我非常满足。陆续接到的定制订单、原创作品的出售,让我的小事业在陪伴孩子的过程中不温不火地进行着,虽然身体有时候会吃不消,需要被迫休息,但是通过手工赚到了钱,内心觉得很踏实。我以为生活会一直这样,不会有太大的变化,后来才发现,世界上唯一不变的事情只有变化本身。

孩子上小学之前,因为家人生病,需要高昂的医药费,我的生活一度陷入困境,使我第一次萌生了赚更多钱的强烈愿望。可是怎么才能赚更多的钱呢?

当时的我没有资金也没有资源,因为需要照顾孩子,连时间都不自由,除了会做手工外一无所有,在这种情况下怎么创业赚钱?经过反复调研,我发现只有一个方法,就是借助互联网创业。于是,我决定开始做手艺人IP,做和手工看起来无关却和手艺人息息相关的事情。那时虽然前途充满未知,但几年后,

我用我的实际经验告诉我的学员们：手艺人想要立足社会，需要学习的不仅仅是手艺，同样重要的还有生意，要通过打造个人IP提升个人价值和影响力。

刚开始做手艺人IP、运营小红书账号和B站账号时，我是很疯狂的。那时我要求自己在第一个月要保证日更，日更就是指每天更新各平台视频。并且还要完成正常的手作订单和照顾儿子，所以那个月除了周末我基本都是早起晚睡，见缝插针地做手工、录视频、发货、剪视频。虽然很累，但是现在回忆起来是特别热血的经历。

第一个月我就从232个粉丝涨到了10000多个粉丝，有各种资源和合作机会向我涌来，收入最好的时候，达到了之前工作时工资的5倍，家人的身体也慢慢好转，更重要的是，我知道，自己又成长了，我可以做这件事情了。

突然被很多人关注，对于一个6年多都没有在公司上班、独自一人做手工的人来说，其实是有些恐惧的，好像是猛然要暴露在公众的视野里，在几条视频成为爆款后，点赞、评论、私信铺天盖地地涌来，我感到非常不知所措。"颜颜，我离婚了，自己带了个孩子，你可以教我做手工吗？""我特别喜欢手工，但是从来没有变现过，你可以帮帮我吗？"这些对我特别信任并敞开心扉的陌生粉丝，让我感动之余又有些惶恐。我有资格回答她们吗？我真的能帮助她们吗？我有些怕，对，是有些害怕。我把对这件事情的恐惧告诉我的朋友，她第二天发了一条私信："颜颜，不要怕，向前走。"这八个字，像是一条咒语，把我从头到脚击中，有一种温柔又坚定的力量从心中燃起。

于是，我决定开始做线上的手作副业训练营。我想，我的手工技术、原创方法、经营手艺人IP的经验和手作创业方法也许可以被大家复制，即使不能，能从中得到一点点启发也是好的。

今年是我全职做手工的第8年了，我开了自己的颜颜颜手作工作室，有2名线下和7名线上的手作小助手。除了接手作定制外，我每月还会上新原创的手作系列作品，通过互联网和很多品牌合作共创，在线上有几百名跟我学手作的学生，偶尔会做线下的手作课程和参加手作集市。因为做了手艺人IP，接广告也意外地成了我的变现方式之一。

如今我的理想有两个：一个是帮助更多人通过手作找到热爱的生活方式，并安身立命；另一个是成为80岁依然在做自己热爱的手作的慈祥老奶奶。我知道和之前的心愿一样，它们一定可以实现。

第二章
什么样的手艺人赚不到钱

1　手工技术不过关/016

2　缺乏美感和创造力/017

3　不会自我宣传/018

做手工能不能赚钱一直是一个很有争议的话题：有的人认为手作是玩物丧志，是小孩子的游戏；也有人认为手作就代表了高消费，市场上和手工相关的东西，往往都定价不低。其实客观来看，靠做手工赚钱的手艺人还是很多的，但确实更多的新手很难靠手作赚到钱，这是为什么呢？我总结了三方面的原因，大家可以对照自查一下。

1 手工技术不过关

手工技术对于手艺人来说是基础中的基础，但它同样需要我们花时间去学习，去慢慢提升技艺。手工种类不同，技术的难度也不一样。在如今信息爆炸的时代，手作书籍、视频等资料唾手可得，相比于过去的岁月，现在是获得知识的黄金时代，因为有大量的资料和教程教我们学习技术。

但是正如知识不是智慧，我们还是需要经过"日日挥刀"地刻意练习，让自己从知道怎么做，到越做越好，这个过程其实对大部分人来说，都有一个绝对时间，也就是说从大脑知道，到手知道，再到心知道，需要一个"非练习不可，非岁月不可"的过程。还记得我们小时候学的《卖油翁》的课文里，卖油的老爷爷把油从铜板中间的方洞里穿过，铜板上却未沾一滴油，周围的人很惊讶，他却说："无他，但手熟尔。"

手工技术的练习也是如此。虽然手艺人不需要把技术练到炉火纯青的地步才能变现，或者说只要喜欢手工，勤加练习，技术是早晚都能实现突破的，但是如果连最基本的手工技术都不过关，是很难在手作销售领域赚到钱的。

2 缺乏美感和创造力

很多手艺人起早贪黑地赶订单，算一算一个月没赚到多少钱，身体还吃不消了。如果你在廉价贩卖自己的劳动力，那实在是一个"不划算"的买卖。并且这样做是有很低的时间"天花板"的，即使通过低价能接到不少的订单，但是变现始终有限。看似每天很忙，其实是用战术的勤奋来补偿战略的懒惰，终究是扬汤止沸，解决不了根本问题。

我在互联网上看到一个手艺人的抱怨，从早到晚做手工，赶订单，结果一算一个月才赚了两千多元。点进她的主页，发现她的作品都是在复制

其他人的,没有任何自己的创意,接的订单也都是批量地复制。这样的生意确实没有办法实现增长。怎么做才行呢?她需要做的是提升作为手艺人的核心竞争力。

提升自己的美感和创造力,就是提升手艺人的核心竞争力。真正让大多数买家愿意买单的不是手艺人为之付出的时间,而是更有溢价空间的作品的美感和创造力。

因为客人在买手作作品的时候,买的往往不是它的使用价值。在工业化生产带来的产能过剩时代,人们可以花9.9元买10个发卡,但是为什么还是有人愿意花299元甚至更多钱来买一个手工制作的发卡?那是因为发卡除了具有夹碎发的基本功能外,还能作为配饰。手作的优势是能通过有设计感的作品点亮人的生活,带给人喜悦,甚至治愈人的心灵。而这些情绪价值都是手艺人独特的美感和创造力带来的。

3 不会自我宣传

"让别人看到你和你的作品是手艺人的头等大事。"

很多手艺人觉得:我只要好好做作品,其他的不用我去操心,是金子早晚都会发光的,并且我不擅长宣传,还是把专业的事情交给专业的人去做吧。如何让自己的长板变得更长,的确是我们一生都要去钻研的事情,这件事情本身也容易让我们沉迷,但是长期的"闭关练功"会让我们进入自嗨的状态,如果连自己都不为自己的作品做宣传,又有谁会为了你的作品用心呢?至少要让自己在值得"专业的人"帮助你之前,先有能力宣传自己和自己的作品,有获取流量的能力,有安身立命的本事,才能更坚定从容。

我一直觉得做手工和赚钱都是人生很棒的修行,前者使人日渐生出定力,让人不惑,后者是连接真实世界的武器,让人不屈。

第三章
靠手作变现需要做的准备工作

1　提升手艺人的核心竞争力——原创能力/022

2　提升手作美感/030

3　包装无小事/035

4　多种手作类目的结合/038

5　找到适合自己的经营模式——手艺人的9种变现方式/040

6　零基础教你拍出手作好照片/051

1 提升手艺人的核心竞争力——原创能力

（1）为什么要做原创

原创能力是手艺人的核心竞争力。在手作圈，有一个特别敏感的词，就是"抄袭"。一些手艺人缺乏原创力，以抄袭别人的作品为生，这种侵犯原创者的版权的行为属于违法行为，面临着被起诉、被索赔的后果。且没有原创力难以吸引客户，事业也难以长期维系。而作为有原创力的一方，则担心自己的作品被抄袭。

要想既不需要去抄别人，又不担心被别人抄，就需要提升自己的原创能力和版权意识。原创能力强的手艺人，能够建立自己的创作系统，灵感能源源不断地输入和输出，始终处于引领者的位置。再结合版权意识，将自己的原创作品及时进行版权申请，就不用担心自己的作品被抄袭了。

（2）手作原创六步法

在一开始做手工的时候，我也吃了很多不会做原创的苦头，后来我慢慢摸索出一套适合手艺人的"手作原创六步法"，这个方法让我和我的学员们获得了手作创意自由。这六步分别是：感受先行，明确主题，搜集素材，绘制草图，开始制作，反思完善。

① 感受先行

灵感是什么？把这两个字拆分来看是"灵"和"感"，灵是灵魂、是灵动，感是感受。抓住能够触动你感受的吉光片羽，对手艺人来说尤为重要。手作作品有一根无形的"金线"，就是你的作品是否能够打动人。

简而言之,是你的作品有没有突破手作技术层面,进入更深层次的创作层面,你的作品有没有"用心"。如果你能够打动人,那么你就越过了你的"金线";如果不能,就没有。手作里只有技术没有感受,其实是很难打动自己的,更别提打动别人了。所有作品的创作过程都是抽丝剥茧,一点点打破又重组,反复煅烧自己的过程,创作者通过一条条叫作"当下的真心"的金线,认识自己,连接别人。所以在创作之前,先用尽自己的"眼、耳、鼻、舌、身、意"去感受,并且抓住这种感受,记录这种感受。

摄影大师布列松说过:我每天在街上行走,紧绷得像老虎、狮子一样,随时准备跳向猎物,我决定要"捕捉"生命——在生命发生的同时,保存它。大师的"捕捉"一词用得真是妙。相信各个领域的创作者们也一定都不舍得错过灵感出现的那一瞬间,想要及时把它捕捉到,保存下来。

这张照片是我在陪孩子散步的时候拍到的,我当时感觉这朵小紫花像极了一个在阳光下扇动翅膀的花仙子,于是我急忙掏出手机把它拍下来,没等回到家,在车上就把它画在了随身携带的本子上。

有一天我翻看《道德经》,看到里面提到"常无欲以观其妙"。这里说的"无欲"是人们在不带有任何想法和目的的境况下去看事物,也就是人们在完全放空的时候、去除事物标签的时候,往往能看到事物的生机,产生奇妙的创造力。

② 明确主题

获得了一丝丝灵感后，如果它让你有表达的欲望那就太棒了，你需要认真地把你的感受的关键词写下来，然后确定手作的主题，再围绕着主题去做下面的工作。明确主题就像明确方向，尤其是对于新手艺人，混搭的风格可能会让你的作品杂乱无比。

当把这些关键词写在纸上，它们就会像一个个小坐标，你要做的就是把它们串联起来，进而很好地完成最后的作品制作。

比如主题是"夏天"，那可以写下的关键词有"海边""夏日嬷嬷茶""夏花""汽水与西瓜""小时候的夏"等。有了这些关键词，就帮助你把第一步无形的感受具象化，让虚无缥缈的灵感有了抓手。请记住，即使你有1000个好想法，不落到纸上，都是空的。

再比如前面讲的，我获得了紫色小花的灵感，它给我带来的感受是"轻盈的""灵动的"，于是我在本子上写下了"花仙子的小裙子"，后面又延伸出了"舞蹈""紫色裙摆""梦幻可爱"等关键词。

③ 搜集素材

确定好主题和关键词后，下一步就是根据主题和关键词去寻找符合自己想法的素材。因为灵感、主题和关键词都是抽象的，搜集的素材可以把这些内容具象化。我们很难在脑海中储存各种各样的形态，因而素材就有它存在的意义。我常用来搜集素材的渠道包括各种网站和各种现成的书籍。比如，我很难凭空想象出一个跳舞的花仙子是什么样的，但是我可以搜索"舞蹈动态""芭蕾舞裙"等图片，再根据这些素材提取我需要的造型、动态，甚至颜色。

建立自己的灵感库

和其他艺术创作者一样，手艺人想要创作原创作品，第一步是要获得灵感。而灵感的获得有其偶然性和必然性。偶然性在于，你的脑海中有时会突然灵感闪现，快到难以捕捉。必然性在于，当你积累了大量的知识，形成了一套自己的思维模式和创作模式，你就能产生源源不断的灵感。

对于一个长期做创意的人来说，偶然迸发的灵感是可遇不可求的。如果每次创作前，都要从浩如烟海的感受里去从头寻找灵感，就会如同大海捞针，令人茫然失措，也不能支撑稳定地输出。

要想让灵感源源不断，就要在日常生活中有意识地去建立自己的灵感库，将偶然获得的灵感和与自己从事的领域相关的资料及时储存起来，为自己提供丰富的灵感储备。一旦形成完善的灵感库并养成整理更新的好习惯，创作这件事情会变得容易得多，因为你可以随时随地从灵感库中获取灵感。

灵感库来源于万物，比如多观摩跨界的作品（文学作品、绘画作品、影视作品、摄影作品、动画作品、漫画作品等），多留心生活中能打动你的点点滴滴（自然界的花鸟鱼虫、动植物、山川河流、日月星辰，身边的家人、朋友、宠物等）。在建立灵感库时，要保持开放的心态，随时随地地捕捉灵感，去储存你被美好"击中"的瞬间，并将其记录下来。比如我在手机上会专门建立相册，分类搜集"人物""动物""植物""食物"等创作素材。

灵感库可以是一个本子，可以是你的手机相册，也可以是你的

> 电脑文件夹,它没有固定的形式,关键是方便你随时随地地记录。更重要的是,从此你就是一个有灵感库的人了。在想要创作时,如果偶然的灵感没有击中你,你还可以从你的灵感库中寻找灵感。

④ 绘制草图

在搜集过灵感库,获得了初步的灵感之后,创作者需要对这些灵感进行提取演变,转换成自己的设计思路。这个阶段可以借助草图梳理自己的设计构思。

草图在设计构思中具有非常重要的作用。俗话说"好记性不如烂笔头",当我们获得了设计灵感之后,如果不将它们落实到笔上,不绘制草图,我们是很难在脑海中完成设计构思的。画草图的过程,就是不断梳理设计思路、不断推翻重建、不断提取演变的过程,通过这个过程,我们可以检验我们输出的设计与脑海中的想法是否契合,从而更好地把握自己的设计方向。

很多学员问我:"老师,我没有任何美术基础,可以画草图吗?"我的回答是:"能"。原始人也是没有美术基础,没有上过任何美术学院,没有参加过任何培训,也不妨碍他们在几万年前就开始在山洞里画画了。草图只是创作的工具,只要能表达设计思路就好,美观度并不是第一位的,最关键的是勇于下笔。

记住,草图不需要精美,草图只是过程不是结果,草图只是工具不是作品。所以画草图时可以尽可能得"草",不要卡在纠结自己的草图美不美上面。而且我发现很多潦草的草图甚至比作品更有表达的生命力。

例如我根据关键词和素材，最终将紫色花仙子的草图画在了草图本上。

再举一个我的手作草图的案例。有一天，我在一本杂志上看到了模特们穿着时尚服装的图片，这些服装款式经典，上身效果显得非常精致、干练，让我感受到了新时代女性的力量：在有限的条件内，为自己创造美好的小天地，把生活过成自己喜欢的模样。

我突然想到，这些时尚的元素可不可以用可爱的手作表现出来，也许会碰撞出全新的感受。确定了"时尚""精致""可爱"的主题后，我试着根据找到的杂志素材，在随身携带的本子上画出了几个杂志模特的简笔形象，并加上了一些时尚

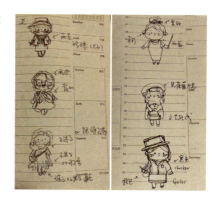

元素，如双层珍珠项链、口红、耳环、小包包等细节，完成了六个造型的草图。

⑤ 开始制作

这一步要从你绘制的多张草图中，找到自己相对满意的进行手工制作。你看，我们到了第五步才真正开始创作，是不是打破了很多同学拿起材料就盲目开工的固有认知。越是专业的手艺人，在制作之前的准备和积累工作就越多。建议大家多画几张草图，别太依赖自己的第一感觉，因为

第一感觉往往是惯性的，经不起推敲的。多输出几张草图，从中挑选一张自己最满意的再进行制作，这种习惯会让你不停地去做创意、开脑洞，是"逼迫"自己进步的最好方式。

无论是哪种手工艺，在进入制作阶段的时候，都需要持续关注自己最初的感受，参考绘制完成的设计草图进行制作，这样才能把自己最想表达的"初心"更好地呈现出来，不会做着做着就"跑偏"了。过程中可根据材料的实际情况进行修改和完善。

花仙子成品

Q版杂志模特成品

⑥ 反思完善

对于新手手艺人，即使准备充分，在手工制作的过程中也可能遇到各种问题，达不到自己心中想要的效果。首先，对自己的手作作品不满意是一件很正常的事情，我给新手的建议是"先完成再完美"。把手作作品完整地呈现出来本身就是一个很有意义的过程。

完成手作作品后如何修改、完善呢？我建议是再回到原点，就是你最初的感受，根据最初的感受进行优化，甚至去放大这个感受，让它贯穿始终。之后在不断循环的过程中取得进步。

手作创作小作业

（1）开始建立自己的灵感库

（2）利用"手作原创六步法"完成一个原创作品创作，并试着写下整体的设计思路。

灵感：
_____

主题及关键词：
_____

素材搜集：
_____

草图：
_____

收获以及遇到的问题：
_____

2 提升手作美感

（1）学会用色——世界上没有丑的颜色，只有错的搭配

曾经有一个学员在手作副业训练营开营之前就问我："老师，学做手工一定要会画画吗？一定要有美术基础吗？"我的回答是："你不一定要会画画，你不一定要有素描基础、造型基础，但是你最好要有基本的美感，也就是对美的感知力，还要学会拥有创造力。"

要提升对美的感知力，首先要学会用色。在艺术创作过程中，用色是非常关键的，也是很多人容易忽视的。人是视觉动物，进行创作时，要确保配色让人产生视觉上的愉悦感。

色彩是一门学问，如果系统学习，那么要学习的知识很多。对于没有美术基础又想快速提升用色水平的手艺人来说，非常实用的方法是学习常见的色彩搭配方式。而学习色彩搭配时，最基础的工具是色相环，它能帮助我们理解色彩间的关系。

24色色相环

常见的配色方式包括同类色搭配、邻近色搭配、对比色和互补色搭配等。下面用我的原创案例进行简单的讲解。

① 同类色搭配

同类色是指在色相环中夹角60°以内的颜色，这些颜色的色相差异不是很大。使用同类色进行色彩搭配，能呈现出协调、统一的视觉效果，使作品的观感细腻、沉稳、干净、雅致。在这个范围内选

择颜色，即使颜色很丰富，作品也不会显得杂乱。对于手作初学者而言，这样的搭配不容易出错。

② 邻近色搭配

邻近色是指在色相环中间隔60°~90°的颜色。邻近色较同类色，在明度和纯度上有较大的反差效果，还具有色彩冷暖对比和明暗对比，使用这种配色方式可以呈现出丰富、跳跃的感觉，但又不会特别扎眼。

③ 对比色和互补色搭配

对比色是指色相环里间隔120°~180°的颜色，互补色则是180°相

对的颜色。对比色搭配和互补色搭配会呈现出强烈的对比效果，使作品具有很强的视觉冲击力，搭配好的话，做出的手作作品能让人眼前一亮。

如果你是新手，经过前面的学习，觉得理论已经基本懂了，但还是不知道如何用色，那么给你分享一个新手快速学会用色的小技巧，就是学会借鉴经典的美术作品的配色。

我前期的很多作品都是运用同类色和对比色的简单配色方法制作的。很多名画的颜色运用是非常经典的，我们可以借鉴这些经典配色用于自己的手作，向经典学习，向经典致敬，"站在巨人的肩膀上"提升自己。这种方式能让你快速地提升自己的色感和对色彩的把控能力。

例如，我在创作手作郁金香时，想给人带来春天万物清新、生机勃勃的感受。刚好乔治·皮卡尔的油画《花树下的浪漫》的配色向我传达了这一感受，于是我立刻把画中的颜色提取出来，找出相应的手作材料，完成了作品。

再如下方左侧这幅画，淡紫色和淡黄色的颜色搭配，也为右图我创作的花仙子提供了色彩搭配灵感。

（2）造型的打磨

对于很多新手来说，技艺不足以支撑脑海中的想法是面临的最首要的问题。好多学员问我："我不知道怎么做出一个还不错的作品，总是做着做着就'跑偏'了，最后做出的效果不是我想要的怎么办？"

处于学习阶段的手艺人，带着思考和觉知去学习前辈的造型方式是很有必要的（切记不要有商用等侵权行为）。在这里，很关键的两个词是"思考"和"觉知"，不要无脑地模仿。

看到一个打动你的作品，首先要珍惜和放大它打动你的点。如果你也想做一个，那么第一步，不是准备材料也不是直接开始，而是先细细品味琢磨，思考一下它为什么能打动你，这个作品哪里做得好。也就是我经常在课上和我的学员强调的：在自我创作中，一定要关注"感受"。

第二步，还不能开始，而是要至少刻意地花1分钟时间观察和分析，如果是你来做，你要先做什么，再做什么，在心里模拟一遍，提醒自己哪里需要更注意，再动手。古人有一句话叫作"意在笔前"，心里的"意向"

形成了，行动起来才不会盲目，慢慢地就能练就"心手相应、知行合一"的本领。

切记，模仿的作品是不能商用的。齐白石先生说过："学我者生，似我者死。"我们要做的是从中学习，而不是无脑抄袭。

第三步，学会分解复杂图形。再复杂的形状也是由简单的形状组成的，遇到非常复杂的作品，可以先把它拆分成几个大块，想一想这些形状可以由何种基础形状演变而来。比如人物的头、颈、肩，就可以归纳为球形、柱形、梯形。把每一个小形状在心中打磨好，就能理解绝大部分难度较大的造型。

从最开始的临摹练习阶段开始，我时常会在课堂上抽查学员们的学习情况，我经常问的一个问题是："想要完成一个临摹作品，第一步需要做什么呢？"认真听讲的学员就会知道，第一步并不是拿工具材料开始制作，而是对于新手来说一定不能忘记的步骤——观察。对于复杂的作品，甚至可以单独拿出5～10分钟来认真观察，在心中拆解作品的结构，思索作品的制作方式，大致有自己的思考之后，再根据教程或者图解来制作。

比如这个花仙子手作，花仙子的结构可分为：头部、脖子、身体、四肢、翅膀。把复杂的形状在心中"拆解"后再进行"组合"，就会简单很多。如果掌握不好比例关系，可以先画一个简单的比例草图，再开始制作。记住，越是准备的时候越要不怕麻烦，往往"麻烦+麻烦=简单"。

（3）用力感知美

"手艺"一词中之所以有一个"艺"字，说明它不仅仅是一种工作，而是上升到了艺术的高度，它要是美的。成为一个手艺人的首要条件就是让"美"进入你的核心价值里面，这个核心价值是指什么呢？我们通常说到"美"会联想到美人、美食、美景等。我觉得美更像是一种感受，它也是我们为人处世的一个准则，比如我经常会跟新学员说，如果你们看到丑陋的事物，人也好、事也好，你觉得它不够美，有点不堪，抑或者有点龌龊，你就把眼睛移开，不要看它，不要让它去影响你的关于"美"的核心系统。要调动自己的眼、耳、鼻、舌、身、心、意去感受。想让自己的作品美，首先要让自己的生活美，浸泡在美里，才能完成美的作品。

> 手作创意小作业
>
> （1）从梵高的名画《星空》中提取颜色，完成一个手作作品。
>
> （2）认真观察一个造型复杂的手作作品，尝试在脑海中感受它、分析它，并拆解它的造型。

3 包装无小事

卖有卖相：让客人收到作品的同时，就马上又想和你下单。

记得我以前看过一篇文章，里面提到了一个观点，叫作"精益创业"，也就是先找到一个最小

的可行性单元,在投入大量的资金之前,先小范围地试验,让自己的小事业先建立一个小小的正循环,再慢慢地增加投资。我觉得这对于手艺人来说是一个很好的启发,能让我们没有压力,轻盈上路。

虽说谨慎投资,但一个手艺人,把自娱自乐转化成手作副业,开创自己的小事业,一个很重要的节点就是:手作商品化。也就是有人喜欢你的手作,愿意购买。有供需双方,于是就产生了交易,你的手作副业就可以展开了。以前自己保存作品时可以一切从简,而手作只要变成了商品,哪怕只有一个订单,也要"卖有卖相",把手作出售或邮寄给买家之前,需要认真包装一番。

手作的包装和其他产品的包装有相似之处,也有不同。相似之处是要符合产品主题,统一风格。不同的是,好的包装和好的作品一样,是要有温度和巧思的。

打包的四项原则是:实用、风格、巧思、温度。

实用:包装的首要原则是实用。把你的手作安全地送到顾客手中,是一切的基础。一些易碎的手作作品,包装时一定要在填充和减震上下功夫。

风格:手作的包装要符合产品主题,统一风格。比如,你的手作风格是森系的感觉,那包装也最好符合作品的风格特点,可以选用拉拉草纸、手作花草纸这种与作品主题一致的包装材料。

巧思：好的包装和好的作品一样，是要有巧思的。可以利用一些小创意让顾客觉得不仅有用而且有趣。

例如这个美人鱼系列手作，包装选用了贝壳收纳盒，还有可以拎去海边的藤编收纳小包。这种包装能让客户体会到手作者的用心和巧思。

温度：这个是最难的，在实现了前面三个原则后，还要再赋予包装以温度，来打动他人。好的包装和作品一起，本身就是一个故事，不仅具有实用价值，还能提供情绪价值。

下面列举一些手艺人经常用的包装物料。

盒子类：飞机盒、PE 盒、透明塑料盒子等。

填充类：雪梨纸、蜂窝纸、拉菲草、泡沫等。

卡片类：贴纸、卡片、保修卡等。

特殊类：比如饰品类手作可能需要酒精棉、擦银布等。

4 多种手作类目的结合

利用多种材质去制作手作作品是一种奇妙的体验，会使作品的层次更丰富，细节更耐看。比如我曾经尝试过羊毛毡和黏土结合、羊毛毡和木头结合、羊毛毡和微勾结合、羊毛毡和布艺结合等。这个过程真的非常有趣。创造出有层次的、满意的作品时，会觉得自己很棒。

多种手作类目结合时，很重要的一点是，整个作品要为主题服务，不要为了结合而结合，生拉硬拽的组合形式会让作品看起来很杂乱又很奇怪，像两个不喜欢对方却又被迫相亲的青年男女一样尴尬。不同材质组合的作品，和谐是最重要的前提。比如，你做的作品是"梦幻"风格的，那么你尝试的所有材质都尽量往"梦幻"上面靠。如果在一个作品中，你又想表现"梦幻"，又想表现"暗黑""简洁""可爱"等，是非常难的。尤其对于新手手艺人来讲，大概率会出现一个"四不像"的作品。因为冲突美比和谐美要难驾驭得多。

下面是我制作的羊毛毡和其他材质结合的作品。

毛毡与布结合的手作作品

毛毡与黏土结合的手作作品

毛毡与钩织结合的手作作品

毛毡与编绳结合的手作作品

5 找到适合自己的经营模式——手艺人的9种变现方式

如果你还觉得做手工只能通过卖出手工成品来赚钱，那就太可惜了。在信息爆炸和物流便利的当下，手艺人的变现方式也多种多样。下面为大家讲解手艺人的9种变现模式,相信你看了一定会有所收获。

这9种变现方式可简单地分为线下变现和线上变现两大类。

(1)传统线下变现方式

① 工作室及手作实体店

开一家小而美的手作店铺,是很多手艺人的梦想,在这个梦想里有很多岁月静好和自己喜欢的事情。手作实体店可以开在沿街商铺、写字楼、公寓,或者是自己家的一个房间里。每间工作室和手作店铺的经营方式各有不同,可以在店里卖成品、卖手作材料、举办DIY活动等。我的工作室从最初的对外开放,慢慢转型成现在的半对外开放,目的是节约我的经营时间,来做更多的创作。

有很多手艺人的实体工作室经营得非常棒,我建议想要开实体店的小伙伴先去前辈手艺人的店铺里面参观、实习,特别是学习经营经验。因为开实体店相对其他变现方式成本更高,所以大家要谨慎决策。

② 手作集市

相较于开手作实体店铺，参加手作集市的资金压力小很多。一二线城市基本都有规模不等的集市，在集市上可以摆摊，直接用自己的作品变现，还能结交很多志同道合的朋友。手艺人也是集市主办方很喜欢的摊主类型。我们要做的是提前了解集市信息，认真筛选手作客群相对精准的集市，然后提前报名，认真准备。

提醒大家，选择手作客群精准的集市非常重要。之前我妈妈觉得集市上的人不会买我的东西，因为她去赶集只买菜，但是我参加过的集市大多有不错的收益。所以精准的集市客群是非常重要的。

③ 手作沙龙活动

　　手作沙龙活动也可以称为短期的手工课程，就是以体验为主，教大家制作手作作品，做完后可以带走。通过这种活动，参与者可以享受过程、学到东西，又能得到自己做的成品，对很多消费者来说是很有趣、很有吸引力的。

举办手作沙龙不需要有自己的实体店或工作室，成本较低。我之前尝试过和书店、咖啡店、画室等合作开办手作沙龙，他们负责场地和招生，我负责工具材料和课程，然后我们进行分成，比如商家30%、手艺人70%。现在回忆起来，每场活动都举办得非常开心。我也从之前的一场沙龙活动上找到了我后来工作室的助手。所以说，手艺人一定要勇敢地走出去。

④ 手作寄卖

寄卖也就是手艺人把自己的手作成品放在别人的店里，比如咖啡店、书店、文创店、手作店或者是商场柜台等进行销售，这是手艺人和商家合作的一种模式。

手作寄卖可以为手艺人提供一个或者多个长期展示自己作品的线下空间。好处是没有房租、水电和人工的压力，只需要和店铺谈好分成就可以。我合作过的商家通常会将作品售价的20%～30%作为佣金。记得选择可以信任的商家进行合作，并务必提前签订协议。选择寄卖店铺时有一个小窍门：在把手作放在一个店铺寄卖之前，可以先成为这个店铺的客人，了解这个店铺的经营模式与店主的理念，看看和自己是否投缘，如果能做朋友就更好了，这样最开始的目的性不会特别强，更容易看清店主的人品。想要长期合作，合作双方其实是相互选择的。

（2）新媒体时代的线上变现方式

新媒体时代，各种线下生意都开始重视线上拓展，手作也不例外。线上经营可以连接更多人和资源，很多手艺人在线上赚到的钱已经超过线下。那么线上变现方式有哪些呢？下面就和大家聊聊。

① 线上手作成品销售

线上手作成品销售就是不开实体店，直接把手作作品拍好照片，在网络上进行销售。只要有人喜欢，生意就能慢慢展开。

在各种可以开线上店铺的平台中，目前对于手作而言，流量比较好的是淘宝和小红书，也有些手艺人习惯用微博、闲鱼等。未来这些平台的流量是否会有所变化，现在还无法确定，手艺人可以持续观察。

可以确定的是，在线上销售手作成品，手艺人要找到自己的客户，除了仔细了解平台的推送规则外，还有非常关键的一点，就是要注重作品展示。我记得之前看过一个电影，里面的男孩创业做淘宝卖女装，他和他的合伙人说："你以为客人买的是'衣服'吗？不，他们买的是'照片'。"当时的我听得简直一头雾水，后来自己做起了手作生意，才慢慢理解了其中的道理：虽然有些夸张，但他说的是在线上平台做生意时商品展示的重要性。在下文中，我会详细教大家如何拍出精美的手作照片。

② 手作定制

前面提到过我的第一桶金就来源于手作定制，我给同一个医院生宝宝的妈妈们定制疫苗本皮和宝宝的胎毛水晶球，也做过一些宠物羊毛毡的定制订单。定制订单的价格通常会高于手作成品，订单最多的一个月，我接到了共约两万块钱的订单，对于那时候的我来说，这是非常大的数目了。手作定制和直接出售手作成品相比，要更符合顾客的需求，既然是私人定制，就要尽可能地做到独一无二。比如，如果宝宝是属猴的，那我就会在定制的作品里加入猴子的元素，也会手工绣上或者刻上顾客的名字，让顾客感受到定制的特别之处。曾经有顾客被我的定制手作感动到流泪，说作品里可以看到和宝宝的内在连接。顾客的认可对我来说是非常珍贵的礼物，这也是手作定制的魅力之一。

③ 手作材料包

不得不承认，卖手作成品和手作定制订单，对于手艺人来说是有一定的时间天花板的。因为基本上所有的工作都会集中在手艺人身上，想做到收入大幅度增长是很难的。而相比之下，做手作材料包的边际成本比较低，手艺人只需要做原创和教学部分，材料包寄给顾客后，顾客用自己的时间来制作。订单比较多后，材料的打包工作也可以交给家人或者助手来做，节约了手艺人自己的时间成本。

制作材料包的基本流程为：确定主题—设计—画草图—制作—拍摄教程—拍照—上架—材料配方表制作—打包发货—剪辑教程—上传教程。这样一份作品就可以被各地的顾客"复制"无限份。出售的材料包如果能给顾客带来良好的手作体验，那么未来再开发的新材料包就能有被顾客们复购的机会。

一份手作材料包

④ 手作线上课程

还有一种把线下手作经营模式拿到线上的变现方式，就是做线上的课程。曾经买过手作材料包的学员应该会发现，购买大部分的手作材料包是赠送教程的，那么用户为什么还要报名手作线上课程呢？这件事情值得每一个想做线上课程的手艺人思考。

要想让顾客买单，线上课程一定要做得和材料包中的教程有所差异，比如我的手艺人成长训练营里，就会加入教大家做创意的部分、手作运营的部分、手艺人IP打造的部分，甚至是手艺人心理能量成长的部分等，这些部分是购买任何材料包都无法学到的内容。虽然对于老师和学员来说，教和学都更难一些，但是效果确实会更好，这种课程的竞争力也会更高。要想有所进步，无论是老师还是学员，都要去做"难但是正确的事"，而不是"简单但是没用的事"。

我给线上手作训练营的学员寄的工具箱和材料包

⑤ 手艺人IP账号

在我做了手艺人IP，也就是在网络上经营了自己的账号之后，除了日常的订单慢慢多起来外，我还获得了更多各种各样的机会，其中一个就是被一些小众品牌注意到，开始和我谈合作。有的是利用我的账号和内容能力给产品做广告，也有独家手作大货订单，也就是我给品牌制作独家的手工原创作品，他们在他们的平台销售。这也给我带来了上百件的订单，这个订单量对于我来说是比较大的，对我的手作小事业起到了推动性的作用。

那么大家不妨猜一下，品牌在和手艺人约订单合作的时候，最看重的是什么呢？除了手作作品质量过关外，品牌最看重的是手艺人作品的原创性。他们想要市面上看不到的、有趣的产品，来丰富自己店铺的产品新意，这也是为什么我一直强调创意的重要性，因为创意确实是手艺人的核心竞争力之一。

与品牌合作的作品

（3）找到自己的"生态位"

仔细观察你会发现，很多能长长久久地做手作事业的手艺人都在寻找或者已经找到了自己的一种或几种经营模式，也就手艺人在市场上的"生态位"。找到了"生态位"就是找到了自己手作小事业的商业模式。上面介绍了手艺人变现的9种方式，这些方式各有利弊，大家可以权衡利弊，找到适合自己的一种或几种变现方式。

在做选择时，可以考虑哪种方式你觉得最有意义，经济上最可行，做起来最有动力，或者说做起来最开心，将这些作为决策的因素，大胆地去尝试。巴菲特说过："人生就像滚雪球，重要的是发现很湿的雪和很长的坡。"无论是哪种手作创业模式，让自己先活下来，活下来才能谈别的。找到一个最小的可行性单元，才能积沙成塔，把自己的"雪球"越滚越大。

手作创业小作业

结合自身喜好和客观情况，制定自己的手作商业模式。

自身喜好：_____

现有资源：_____

可尝试的变现模式：_____

6 零基础教你拍出手作好照片

（1）照片是成交的关键

"你以为你的客人买的是手作吗？客人买的其实是照片。"

如果你不想彻底放弃线上的市场，那么你会发现，照片、视频是连接你的作品和顾客的有效途径。只要你想通过网络卖出自己的手作作品，那么拍出一张好照片是无法逃避的功课。

实话实说，在摄影的领域里，我不是专家，在相机的配置上也没办法和专业的摄影师一较高下。但是我的拍照方法很适合新手，尤其是不懂摄影的手艺人，在我请教过我的私教学员、专业摄影师蔡蔡后，发现我要分享的是简单又切实可行的实战方法，就算你没有专业设备，不会看相机参数也能学会。

（2）拍照器材

手作摄影需要的器材并不复杂，你可以用专业的相机，如果预算不够也可以先从像素清晰的手机开始。柔光布和反光板也是需要准备的，它们会使你的照片光线更柔和。如果你资金不充足，且把手作作为副业，那你可以直接用手机拍摄。如果手艺人是你的主业，那么最好准备一台专业相机，能更好地拍出手作的景深感。

（3）手作摄影的三要素

手作摄影最重要的三个要素是光线、构图和场景布置。

② 光线

和我最初做手工时一样,很多手艺人白天认真做手工,做完发现天已经黑了,然后怀着创造出作品的欣喜心情,在夜晚室内的灯光下草草拍摄。这样经常会拍出大家口中常说的"渣图"。因为在夜晚的光线条件下,如果没有专业的补光设备,是很难拍出好照片的。所以手作照片最好在白天光线好的情况下,在窗边进行拍摄,并且最好学会使用柔光布和反光板,这是很多专业的静物摄影师知道,而我们手艺人不知道的"光线秘密"。

一张将光摄入画面的手作照片

② 构图

拍摄手作照片的一个重要目的是突出手作作品。一张好的手作照片,必须将手作作品作为画面的主体,即照片的主要表现对象,充分展现作品的美感。构图时，要有意识地排除画面中杂乱的东西，避免它们分散观者的注意力，从而把观者的注意力吸引到手作作品上，使之成为照片中的焦点。

下面介绍几种常用的构图方法，掌握了这些构图方法，能让你的照片更具吸引力，为你的作品锦上添花。

a. 中央构图

中央构图也叫中心构图，就是把手作作品放在画面中心，能强烈突出主体。

b. 三分法构图

三分法构图也叫黄金分割法构图、九宫格法构图，是常用的构图方法之一，也是非常适合新手的构图方法。打开手机相机的井字格参考线，把手作主体放在交叉线或交叉点上，都会使作品显得更加突出，让人一眼就能关注到手作作品本身，整体感觉非常和谐、舒适。

c.对角线构图

对角线构图适合两个及以上手作作品的拍摄,要把拍摄主体沿着画面的对角线放置。

d.对称构图

对称构图可以是上下对称,或是左右对称。这种构图方式拍摄出来的画面会有一种秩序感和平衡感,且能突出对称的主体。

e.三角形构图

三个手作作品或三个物品可以按照三角形摆放,形成稳定、均衡的画面,并在画面上呈现三个视觉中心,更好地展现主体。

f. S形构图

在拍摄四个及以上手作作品或物品时,可以按照S形曲线进行构图。S形曲线可以有效地利用画面空间,且富于变化和韵律感,能使观者产生美好、协调等感觉。

g. 圆形切割构图

当拍摄圆形主体时,不用拍全,将相机按照圆形圆心位置往左或者往右挪动,裁切边缘,画面部分留白,看起来更加生动耐看。

h.重复构图

多个相同或相似的手作作品在画面中重复出现,更加有视觉冲击力,能增强客户的购买欲。

掌握以上八种构图方式,活学活用,能让你在拍摄手作作品时游刃有余,更好地展现作品的美,使作品更具吸引力,增强目标客户的购买欲望。

③ 场景布置

因为普通人日常生活中的大部分场景氛围感不强,是不适合手作拍照的，所以很多全职手艺人会根据自己手作作品的风格，购买相应的拍摄道具，专门搭建拍摄场景，来给手作作品拍照。比如，你的手作作品风格是森系的，那场景布置最好也是森系的，可选择符合风格的布料、蕾丝材料等适合的道具来布置场景。

常用的场景布置道具有托盘、衬布、相框、雪梨纸等。

森系场景布置

a. 手作拍照场景布置的万能公式

如果你实在不知道如何布置场景,可以参照下面这个手作拍照场景布置的万能公式:

桌面+托盘+手作+小物=手作拍摄场景

桌面:也可以理解成背景,可以是一个桌面,也可以是一张衬布,最好是简单干净的,更方便衬托主体。

托盘:围合出一个区域的空间,可以是一个托盘、一个相框或一张卡纸。

手作:被拍摄的手工作品,也就是画面的主体。

小物:一些与被拍摄的手作作品相关的物品,注意不要喧宾夺主。

整个"万能公式"的底层逻辑,其实就是美术构成里面的点、线、面的运用,初学者可以作为参考。注意,万能公式并不是最佳公式和唯一公式,大家要活学活用,在实际拍摄时可根据画面的需要进行调整。

照片摄影师及技术支持:爱做手工的摄影师菜菜

b. 展示手作用户场景

关于"用户场景",梁宁老师在《产品思维30讲》一书中提到:"场"就是时间和空间的概念,一个场就是时间加空间,用户可以在这个空间里停留和消费,那这就是一个场;"景"就是情景和互动的概念,有了时间和空间,只能说明用户可以在这个空间停留一定的时间进行消费,但不代表用户就会去消费。当用户停留在这个空间的时间里,要有情景和互动让用户的情绪触发,并且裹挟用户的意见,这就是场景。简而言之,就是手作买家在何种情况下会使用所购买的手作作品。

用户场景的营造，给手作作品的展示注入了新的灵魂，也给购买手作作品的买家提供了使用灵感：这个手作作品买回去后可以在何种情况之下应用。打个比方，相比于一条连衣裙的产品图，你是不是更关注它的上身图？如果有买家秀是不是就更好了？很多品牌会请很多博主来拍摄、推广自己的产品，除了因为需要流量推广之外，也因为这种用户场景的营造会刺激买家的购买欲。所以珍惜每一个顾客给你的返图，如果还没有，就自己搭建用户场景拍摄效果图。

（4）照片的系列性

对于不是专业摄影师的手艺人来说，拍出一张自己非常满意的照片是一件困难的事情。我的建议是：多拍几张，然后选出一组。在后期宣传时，相比于一张照片的单打独斗，一组照片会更有优势。并且这组照片除了数量多、选择性多外，更重要的是要有系列性。系列性可以简单理解为，在同一背景、同一光线下，通过不同的构图和拍摄角度拍出的照片。系列性强的照片会使你的作品更容易让人觉得眼前一亮，提高成交的可能性。

手作拍照小作业

　　根据手作拍照场景布置万能公式,认真为自己的手作作品拍一组照片。

第四章
如何做会赚钱的手艺人

1 酒香也怕巷子深——学会于作产品营销/066

2 如何运营手艺人个人IP/078

1 酒香也怕巷子深——学会手作产品营销

让手艺人学会营销其实不是一件简单的事情。大家想必也知道,做手工的过程是感性的,是艺术的,是浪漫的,是天马行空的,是治愈放松的。而营销正好与之相反,营销是理性的,是有明确目的的,是计划有序的,是逻辑性很强的。随时切换感性和理性,本身就很有难度和挑战,营销天然会受到很多手艺人的抗拒,这件事情不难理解。

我觉得学会营销更像是手艺人放在兵器库里的一件武器,这件武器可以帮助我们保护自己和家人,陪我们行走江湖,让我们的手和心都更勇敢笃定。在日常时间,我们通过手作练功,和手作在一起,和分分秒秒的快乐在一起,让"定力"和"内力"增长。在经营手作生意时,我们带着武器去商场上厮杀,去现实社会安身立命。

下面我将自己总结的几种手作营销方法分享给大家。

(1) 从零开始做私域

私域是什么?私域是品牌或者个人拥有的,自由控制的,免费的,可多次利用的流量。私域可以是微信、朋友圈、企业微信、社群、小程序、公众号等所有能触达用户的载体。

其实,在做手工的前几年,一直是我的私域在"养"我。但那时候的我没有接触过任何营销技巧,对私域的概念也不了解。后

来接触、学习了很多类目的营销课程后我才知道,原来当时我做的是私域。运营好一个私域,能有一些铁粉,其实就可以给手艺人带来很多生意了。

① 私域的优势

a. 成本低。私域的流量是完全免费的。

b. 可多次利用。客户买完一次产品后不会马上离开,可长期存在于私域空间内。只要维护好老客户,就可以持续地向目标客户推送、展示作品信息。

c. 互动及时,客户黏度高。买卖双方可实时交流,卖家可为买家提供针对性的服务,从而优化购物体验、提升客户的黏度。

d. 自由度高。在私域空间,卖家可自由控制推广形式和频率,还能根据客户需求实时进行调整。

② 私域经营的本质

私域经营的本质是经营用户关系。注意,这里用的词是"经营"而不是"运营"。因为一提到运营,人们第一时间想到的往往是"流量"这个词,会给人一种充满套路和目的性的感觉。

私域面对的每一个用户对象都是活生生的人,对于一个人,经营的方式是沟通,是建立信任,是解决问题和满足需求。在这个过程中,真诚绝对是不二法门。比如,有客人让我推荐适合送给小朋友的手作,我会立刻把自己带入送礼物的人、收到礼物的人和使用礼物的小朋友,然后说出真实的、适合的建议,而不是推荐利润高的手作。真诚还包括实事求是、走心地和客人交流,记得永远做人,而不是一个机器人。

③ 朋友圈

对于我们普通人而言,朋友圈是最简单、最常见的私域运营方式。需要注意的是,不要把你的朋友圈当作一个商店来运营。朋友圈里主要是发布你所做的事情,比如你的手作作品、手作课程或者手作活动。但是朋友圈和手作商店是有区别的,它更多的是日常的分享,目的性不强,比商业化的手作商店更有温度,更具有生活性,更丰富。

经营朋友圈时,有一个小小的判断标准,就是我们可以假想一下,如果自己是这个朋友圈主人的朋友,会不会舍得屏蔽掉他的朋友圈信息呢?

④ 社群

除了朋友圈外,微信群也是不错的成交场域之一。人们对社群有天然的需求,微信群可以将对同一类事物感兴趣的人群集中到一起,用户对象精准。而且在微信群推广时可以同时触达整个群里的人,操作简便,是很好用的组织工具。

对于进入社群的人,一定要有筛选。我认为一个好的社群要满足三个要素:社群定位、社群价值和社群活动,形成一个稳定的、可以循环增长的生态闭环。

社群定位即明确大家进群的目的。以我组建的手作上新群和手作学习群两类社群举例,它们的定位是不同的,前者更关注品质生活,后者更关注手作技艺、手作经营和手艺人的内心感受。

社群价值主要指内容价值。不同定位的社群,所提供的价值也一定不一样。例如,手作上新群可以提供手作在生活中的使用或者展现方式,独特的手作对不同人群的影响等;手作学习群则是分享手艺人的手作技法和手作变现干货等。

社群活动是指社群内部定期为群员们组织的活动。比如,每个月手作上新群会推出几款原创的手工作品新品,都是我和手作副业训练营学员们的作品。根据季节和节日的不同,每个月的主题也都不一样,尤其是在中秋节、春节、万圣节、圣诞节前后,每次上新时大家的意愿都很强烈。手作学习群则会在每个月推出新课程,如羊毛毡、黏土、微钩、法绣、布艺、娃衣、藤编……我也会请各个领域的手作大神给群员们加课。这些定期举办的社群活动,比如线上"手作沙龙""圣诞手作帮帮卖"活动等,能让社群活跃起来。

除了上述活动外,我还尝试过"上新优惠""群内满减福利""返图发红包""充值送小礼物"等小活动,看起来有点商业化,但做起来就像一个个小游戏。这些小活动一来能增强用户黏性,二来能提高群员们的社群价值感。

通过几年的积累,我的各个微信群从开始的十几人增长到了现在的几百人,其中有不少多年的老客户,他们是我的铁粉,支持、尊重、喜欢我的作品,每次我的手作新品发布,都愿意第一时间去购买。所以在我的微信群里,不仅有手艺、有生意,也有情谊。

(2)无限流量的公域

公域就是公共平台,像抖音、快手、小红书、B站、知乎、淘宝、闲鱼、贴吧、微博等平台,都属于公域。公域平台流量更大,相对陌生的人群更多,相比于私域,公域可以触达更多的人。

① 对于手艺人,哪个公域平台最值得做

公域平台众多,各个平台的用户在使用这些平台时的目的是不同的,

有些是来娱乐的，有些是来学习的，还有些是来种草购物的。因为每个人的精力都是有限的，很难全平台发布不同的内容，所以手艺人在选择公域平台发布内容时，需要有所抉择，选择一个自己喜欢且适合自己的平台去创作内容，这一步非常关键。

我自己运营过微博、B站和小红书，后来因为我既要开发新作品，又要做课程，还要去做大量订单，精力有限，实在无法兼顾所有平台，所以决定专营一个平台。根据我自己以及周围手艺人同行的亲身经历，我发现小红书对手艺人来说商业价值是最大的，在这个平台上最容易找到手作的目标人群，因此我现在专营小红书一个公域平台。

② 如何在公域平台运营账号

选定了公域平台后，我们怎样去做一个还不错的手作账号呢？对于手艺人来说，要把平台作为一个工具，在上面获得流量。在经营账号时，不要想着马上就能出效果，最好做一个长线的计划，我们前30～50次发布的内容，都是用来向下扎根的。

刚开始运营时，一定要持续更新。我刚起号的时候，严格要求自己必须日更，因为更新的频率越高，粉丝量增长就越快。虽然现在我把更多的时间放在作品、课程和订单上，而且很多变现路径已经跑通，没有再去日更了，但没有最初起号的时候的努力日更，就不会有我现在的几万粉丝。

保持稳定更新的关键是有足量的素材。在平日里，手艺人需要有意识地积累素材，建立灵感库。要做好一个公域账号，要抓住自己的"三分钟热度"，及时发布自己的新灵感、新作品，还要在热度消退的时候，保持稳定输出的习惯。要始终记得：先完成再完美，不以追求完美为借口而不开始。

此外，我还要给大家分享一个细节，那就是在小红书上更新内容时，封面非常重要。因为小红书的主页是双列信息流展示，如果封面不够吸引人，没人愿意点进你的笔记，那里面的内容再好也是徒劳。在设计封面时，注意以下几点：第一，封面的风格要尽量统一；第二，用占画幅更大的竖版来构图；第三，美感是很关键的，尤其是手工账号，要尽量把自己的手作风格展现到极致。大家可以看一下我的手作训练营的学员"板牙娜里""李小沐mumu手作""Nianiapea萌物癖手工""爱做手工的摄影师菜菜""喵爷77手工疗愈"的小红书手作账号，应该会获得一些启发。

> **手作经营小作业**
>
> 现阶段的你是如何经营自己的公域和私域的呢？
>
> _____

（3）手作营销小技巧

下面给大家介绍一些助力手作作品爆单的营销小技巧。

① 搭建产品价格阶梯

a. 引流款

引流款通常价格会比较低，设置引流款对拓客有很大的帮助，对于第一次购买你的作品的买家，从引流款入手，先产生交易，建立联系，进而产生复购的可能性，从而带动整个店铺的整体流量。建议选择成本较低、价值较高的手作作品作为引流款。

b.利润款

利润款相比引流款利润稍高，一般这类手作风格和卖点突出，款式更吸引人，可以选择自己的代表作或者买家呼声最高的款，作为利润款。

c.溢价款

溢价款的利润更高，此类作品一般花费手艺人很多的时间和精力，制作难度也较大，可复制性弱，买家在其他地方很难买到。比如我之前做的木质机械装置与羊毛毡结合的小羊，制作起来费时费力，受到了很多人的喜欢，但是很难批量复制，它就可以作为我的整个产品线的溢价款。溢价款通常数量不多，需要等待相对有购买力的客人。

d.活动款

活动款通常需要留出比较大的打折空间，可以是早期的作品，也可以是在节日、店庆纪念日或者手艺人的生日推出的特别优惠款，活动款一般成交价格较低，目的是增加与客人的黏性和快速"回血"。

大家不妨思考一下，如何设置自己的价格阶梯，现在就行动起来，为自己的下次上新做计划，并把计划填写在下面的表格里。

价格阶梯	作品名称	上新时间	注意事项
引流款			
利润款			
溢价款			
活动款			

② 节假日上新

手作非常适合节假日经济，比如春节、情人节、妇女节（女神节）、母亲节、端午节、儿童节、七夕节、中秋节、教师节、圣诞节等。下页图中我的几款手作作品就紧紧地围绕着兔年、红色、喜庆的主题，因为中国人过年一定要买一些红色的东西，去烘托节日的气氛，让自己有一个好心情，有的人可能选择买对联、福字、红包、红衣服、红袜子，也有一些对生活品质有追求的人喜欢买手作，所以节假日手作是很有市场的。各位做手工的小伙伴，为了更好地实现营收，应该逢节上新，在节假日来临前积极地备货和宣传。

手作经营小作业

看到下面表里的这些节假日，你脑海中有什么灵感吗？根据前面讲解的"手作原创大步法"，开始头脑风暴，即使只有一点点灵感，也先快速把关键词写到表格里，看看能有什么收获吧！

节日	节日时间	上新时间	开始准备时间	主题关键词
春节				
元宵节				
情人节				
妇女节（女神节）				
母亲节				
端午节				
儿童节				
七夕节				

续表

节日	节日时间	上新时间	开始准备时间	主题关键词
中秋节				
教师节				
圣诞节				

③ 上新福利

设置上新福利也是我的一个营销小技巧。这也是为什么我几乎每一次手作上新,都能够在1小时或者更短的时间内被一抢而空的小秘密。上新

福利具体的操作就是,我的手作第一次上新时都会有优惠,比如右图这个包,上新时的定价是298元,第二批再做的话,定价就增加到318元。上新时价格更低,就能鼓励顾客在出新品的第一时间抢购。

④ 保修福利

很多手艺人由于担心遇到网上传言的奇葩客户,会在自己的主页上注明:"手工作品,一经售出,不退不换。"我很理解这种心情,刚开始我也是这样做的。但是随着社群里的老客户越来越多,我与他们产生了信任和感情,于是我会在我的上新群里提供手作保修的福利。只要能够修缮的手作,如果遇到损坏都可以寄回给我,我修好后再寄回去。开始时我是为了回馈客人,没想到后来客人又来复购,有一次客人在群里留言:在不认识

的地方买总担心被骗,在颜颜这里买最放心。所以所谓经营,很多时候都是用真心换真心。

⑤ 持续创新

持续创新我认为是非常重要的,手艺人要有意识地去锻炼自己的创新能力和制作出原创新品的能力。做手作最可贵的其实就是创意和美感,原创的手作作品只能在原创者这里购买,在别的地方根本就买不到,这才是手作最有价值的地方,也是让你的客人不得不只买你的作品的决定性因素。

我在上手作课程的时候,会特别注重每一个学员创意池的打开,让每一个学员在手作上都能自由地表达自己的内心。我也希望每一个手艺人都能不断提升自己的审美和创造力,获得持续创新的能力。

(4) 什么决定了手作作品的价格

很多粉丝会私信问我怎么给自己的手作作品定价,手作类目不同,定价方式根据手艺人的技能、作品用时、创造力、品牌影响力也有所不同。

下面我们来聊一聊到底是什么决定了手作作品的价格。

其实手作作品的价格是由目标客户能够感知的价值决定的，它包含作品的实用价值、体验价值、情绪价值和个性化定制价值，可以从这几个方面对自己的作品进行评估，然后敲定价格。

手作创业小作业

想一想前面提到的营销方式和技巧哪个是自己现在能用到的？未来如何做能让自己的收入获得增长？

_____

_____

（5）卖手工，遇到"奇葩"买家怎么办？

在网络上出售自己的手作作品时，很多手艺人的噩梦就是遇到"仅退款不退货"的奇葩买家。我的很多手艺人朋友都遇到过。这时候应该怎么办呢？

我做手工八年以来，还没有遇到过这种奇葩客户，一是我比较幸运，我的买家都是特别温暖的人；另外我觉得也是因为我用了一些运营的思路。下面跟大家分享一下我是怎么做的。

第一，我们要达成一个认知共识，就是其实人是没有绝对的好人或者绝对的坏人的，每个人的心里都有或多或少的善和恶。所以在我们与买家交易的时候，要去想办法"逼"他们善良，也就是把他们往好人堆里推。

在张籍的《节妇吟》这首诗里有一句诗叫作："知君用心如日月，事夫誓拟同生死。"这句话的前提是开头的两句"君知妾有夫,赠妾双明珠。"就是说,一名男子明知这名女子是有夫之妇,还送她双明珠示爱,这是不合礼法的,但这名女子没有直接让这名男子难堪,而是说"我知道你不是有什么龌龊的思想,我知道你的真诚日月可鉴,但我已经立过誓,要与夫君同生共死",为追求者留下了足够的尊严和体面。这就叫"逼"他善良。我们在跟客户沟通的时候,一定不要跟客户站在对立面互相指责,这样容易激发出他们恶的一面。好的处理方式是,跟客户站在一起,积极帮他们解决问题。

之前,我上过一些情商课,在里面我学到了非常重要的一点就是当客户跟你抱怨的时候,其实他正困在不好的情绪里面,这时候可能需要优先解决情绪问题,再去解决实际问题。

第二,我没有遇到过奇葩的客人大概率是因为我的客单价都不是很低,都是三位数左右甚至更高。这个客单价的客人相比低价客人,更不容易出现以占便宜的心态来买手作的行为。

第三,也是非常重要的一点,就是我这八年来都在认真地经营私域,所以很多客人已经跟着我买了很多年了,他们很了解我,我也很了解他们,彼此之间已经建立了信任,所以不会出现这种情况。要知道挖掘一个新的优质客户的难度比维护一个老客户的难度大得多,所以我建议手艺人一定要好好维护自己的老客户。

当然,特别奇葩的客户肯定是存在的,如果你真的遇到了这种客户,他就是要你退钱,但不愿意把货退回来,用了上面讲的那些方法都没用。这个时候一定不要与客户吵架,要冷静地将购买信息、聊天记录等截图,保存证据,上传到平台,申请平台介入,小红书的薯店、淘宝店铺等都有这个功能,可以让商服来帮你解决,平台会给你公道的。我的很多手艺人朋友都是这样处理类似问题的，并且也得到了完满的解决。

最后送给大家一句话：我们做手作小生意，遇到不开心的事情是难免的，要学会"用出世的心，做入世的事"，升起情绪是难免的，不过不要让这件事把你的情绪绑架了、困住了，要及时从情绪里挣脱出来，积极处理问题，只有这样，你的创业之路走起来才会更轻盈、更从容。

2 如何运营手艺人个人IP

自媒体是你的分身，是一个奇妙放大器。

（1）那段疯魔的日子

在走上手作创业这条亲戚朋友们认为有些离经叛道的道路六年后，经过不断的学习和积累，我的技艺日益精进，收入也越来越稳定。所以选择辞职做手工的前六年，可以说我都过着比较岁月静好的生活，有钱就多花，没钱就少花，甚至一度感觉自己进入了老僧入定的心境中，能够"放下"一切。但是人生哪有那么简单，接下来经历的一些困境，让我觉得自己还没有资格"放下"。

2021年，我的姥姥生病了。

生病真是一件很可怕的事情。人上了年纪，身体说病就病，要跑很多次医院，要吃很多药，要打很多针，要经历很多痛苦。那段时间妈妈全力照顾卧床的姥姥，而且医生说这是个漫长的过程，三年、五年都有可能。每次我去看她们，都觉得自己无比"渺小"，好像什么也做不了，只能翻来覆去地说着安慰的话。

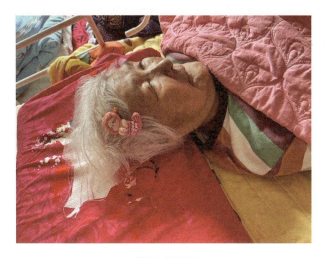

病床上的姥姥

"要是我事业有成就好了！"在一个辗转反侧的夜晚，儿子早已在我旁边熟睡，我睁着眼睛盯着昏暗的天花板突然这样想到。如果我事业有成，就能用很好的经济基础改善妈妈和姥姥的生存环境了。这一刻，除了让自己自由，我又贪心地想让她们也能自由一点。我该怎么做，或者说怎么赚钱？前方的路还是和此刻的天花板一样昏暗。但我渐渐想清楚，要想有增长，就要打破现状，迈出循环，去做新事情。我在心里对自己说："要勇敢，要想清楚，要有韧性，要不怕失败。"既然失眠，我索性翻身下床不睡了。打开床头灯，黑暗的卧室瞬间被点亮，在黑暗中房间里看不见的事物轮廓一下变得清晰，那一瞬间，我知道我需要理清思路，比如认清自己的现状，那时我已经做了六年手工，积累了很多作品，也完成了数百件手作订单，我会手作技术、会创意、会拍照展示，也有了一些老客户，我需要的是增长，我需要更大的市场。但没有资金也没有人脉，所有的一切似乎都指向要借助互联网的力量，所以我需要做个人IP，通过自己获取流量。

认清了现状、明白了下一步要做的事情后，问题就简单多了。我知道我的当务之急是学习和行动，于是我报名了一些互联网课程，包括经济学课程、营销学课程等，也买了很多做个人IP、新媒体营销的书回来挑灯夜读。我一边疯狂输入，一边照猫画虎地拍视频，居然也获得了一些浏览量。但是我很快发现，我所在的手作类目与很多互联网营销的类目有很大差异，很多流量根本是无效流量，之前的一些努力似乎是白费功夫。于是我又进入了自我反思的阶段，站着想，走着想，趴着也在想，感觉那段时间头发都掉了不少。但是空想还是没用，都比不上边做边想，渐渐想通一个切入点后，我开始了疯魔的一个月，每天都要更新内容，不断地进行自我挑战。

为什么说疯魔呢，因为这个月我在保证新的内容产出的情况下，之前的工作也都同时在继续，每个月的手作新品开发、客人的手工订单、儿子的接送和陪伴，在这些不被打乱的前提下，我要每天更新互联网平台的内容。于是等儿子放学的停车场、游乐园旁边的家长等候区，都成为我工作的好地方。我每天上午做手工的时候想选题，下午写文案、拍视频，碎片时间剪辑，晚上发布。有时候第二天儿子不上学，我没有办法录视频，就会提前一天多录几条备用，后面只需要剪辑就可以发布了，以此保证每天更新。

视频发出后反响不一，有的泛起一些流量浪花，也有的基本是石沉大海。但我默念咒语："要勇敢，要想清楚，要有韧性，要不怕失败。"疯魔的一个多月过去后，密集的石块终于在平静的湖面上泛起了层层涟漪，我也在这第一个月就做出了几条爆款视频，总结出了更容易出爆款的"爆款公式"，并且第一个月涨粉1.4万。如今我的全网粉丝已经达到十万以上，在手工领域也是一个腰部博主了，并且打造个人IP也给我的生活带来了翻天覆地的变化，有各种品牌方找到我，想预订独家发售的手作。我还举办了九期线上手作训练营，把总结出来的手艺人IP账号运营经验教给大家。每年手作工作室营业额也比做个人IP前涨了好几倍。

我本来想写一本岁月静好的手作书籍，但我的经历让我发现一个非常残酷的真相，那就是不花时间进步的人，有一天可能需要花时间面对无力的现实。能够"拿得起来"，才谈得上"放下"。手艺人既要进山洞闭关，又要上战场杀敌，我们需得在滚滚红尘里，借假修真。好在不用着急，因为在进步的道路上，我们有的是时间。

在做手艺人个人IP两年多的时间里，我也曾举办"手艺人IP课程"，成功帮助几十名手艺人搭建起自己的个人品牌和手工账号，他们和我一样，都是没有任何资源的普通人。这些学员的成功案例，证明我的方法是可以复制的，如果你也对互联网营销感兴趣，想创建自己的手作品牌，不妨继续往下看。

（2）手艺人个人IP展现方式——手作作品展示、口播短视频、Vlog短视频

如果大家看过我的账号，就会发现，我的手作作品展示、口播短视频、Vlog短视频的发布比例大概是5∶4∶1。这是为什么呢？

① 对于手艺人来说，手作作品是最能体现其本身的能力的，所以这部分的展示是第一位的，占比最大。手作作品的展示可以分为视频和图文，重中之重是美感的展示。视频展示时，可配上适合的背景音乐，更好地呈现作品的风格特点。作品展示部分，除了认真拍摄外，后期处理也是不能忽略的工作。

② 要打造个人品牌，光有手作作品是远远不够的，还需要通过某种形式，把自己的品牌形象，如手艺人的个人价值观、个人形象、对于手作经营的观点和经验方法等传播出去，而口播短视频恰恰是一种比较方便的展现形式。

口播短视频就是一个人自己面对镜头说话，这种短视频的制作比较简单，只需要一个人、一个固定摄像头、一段文字就可以了。因为我的IP重点教授的是手作经营思维，非常适合通过口播的形式传播，所以在我的账号里，口播短视频占比第二。

想要做口播短视频，首先要锻炼的能力是在镜头前自然地说话。我们看别人分享的时候，可能会觉得口播很简单，但实际上阵往往会发现，自己说两句就会卡壳。

要克服这种情况，首先要多多练习，练得多了，自然就熟练了；其次要提前写好脚本。脚本可以帮助我们提高录制视频的效率，同时提高视频质量。写脚本跟写作文一样，可以先列个提纲，定好要讲的内容，然后进行丰富和完善，最后将各部分进行时间的划分，确保整个视频节奏合理，逻辑清晰，表达自然。

对于口播短视频来说，选题也是非常关键的，如果选题不能让人感兴趣，那么拍得再多也只能是事倍功半。怎么来判断你想说的内容别人到底想不想听呢？这需要一定的经验积累，对于刚开始做口播短视频的手艺人，可以选择那些已经被市场验证过的选题内容。

下面给大家分享几个我和我的手作副业训练营的学员们尝试拍摄过的爆款选题。

《我的手作故事》

《商品笔记》

《手作审美提升》

《手作灵感分享》

《手作+心灵成长》

《摆摊日记》

《手作材料大分享》

《手作创业经验分享》

《手艺人Vlog》

《手工副业经验》

《手工博主账号经营》

《手作包装分享/包装过程分享》

《在家做手工7年,我是怎么赚钱的》

《0基础手作副业的三点建议》

《手艺人千万别做的3件事》

《8年手作店主的一天》

《手作作品遇到抄袭怎么办?》

《每天几百单?我是怎么发货更便宜的?》

《手作拍照道具大分享》

《手作拍照,不用买道具也能拍出好照片》

《35岁妈妈手作创业,干货无保留分享》

《想做手作博主的看过来,学姐有话说》

《5年自学缝纫经验分享(送资料)》

《遭遇职场霸凌,辞职创业做手工》

《细聊手作的五种变现渠道》

《粉丝手作头像福利》

《手作上新爆单5点经验分享》

《0基础快速入门xx的5点干货建议》

③ Vlog其实就是我们所说的日志,它以视频为载体,以第一视角为主记录我们日常生活中发生的一些事情。相较于口播,Vlog对画面的要求更高,拍摄难度也大一些。我的精力有限,所以在我的账号里Vlog短视频的占比较低。

要拍出好的Vlog短视频,也需要提前做好脚本。另外在内容上不能流水账式地记录生活,要有意识地选择观看对象感兴趣的点,因为大多数人看别人的Vlog短视频都是想云体验不一样的人生。对于手艺人来说,可以多选择生活中与手工相关的时刻,比如辛苦研发出了新品、沉浸式做手工、爆单发货、在作品中传承和发扬民族文化、被抄袭后维权等这些和普通人不一样的时刻。

(3)从一个1.0版本开始

首先从一个1.0版本开始,有些同学可能会觉得这是一句不痛不痒、没什么意义的话,但事实上我发现,很多和我无数次表示想做个人IP的学员都卡在了开始这一步。大家似乎都希望自己的开始是完美的,完美的录制背景、完美的光线、完美的个人形象、完美的表达方式……但真相是，根本就不存在准备好的那一刻，一切都准备完美的那一刻永远都不会到来。我的建议是先开始，从一个1.0版本开始再说，从确定自己的账号名字和第一条用心更新的内容开始，后面再慢慢优化，不能以不完美为借口迟迟不开始。

（4）利他思维：给别人提供价值

关于利他思维，稻盛和夫在《心》这本书里讲道，生命的真谛就是"利他"，"钱是怎么赚来的？其实，钱，并不是赚来的，而是帮助别人解决问题后给你的回报。"想要做账号获取流量也是一样，一定要有利他之心，要想别人关注你，你就必须要先给别人带来价值。

把自己对别人有帮助的真实经验不藏私地分享出去，这样更容易得到点赞和收藏。作为手艺人，可以为别人提供的价值有很多：可以提供"实用价值"，比如教大家去哪里买到物美价廉的手工材料；可以提供"情绪价值"，比如分享自己的观点和内心世界。无论是实用价值还是情绪价值，给别人带来帮助，才能让你的账号被看到、被认可，最终实现双赢。

孔子说："己欲立而立人，己欲达而达人。"商业的本质就是利他，没有人会为了陌生人的梦想买单，但是大众都会愿意为对自己有利的事情付费。

在分享内容时，注意要条理清晰，我推荐使用"金字塔文案表达法"，它很类似于我们上学时的"总分总"的写作结构，即先说结论，再分点阐述，比如："怎么卖出我们的手作作品？""可以分为线下和线上，其中线下的方式有3种：一是开实体手作店铺；二是参加手作集市；三是手作寄卖……"这种表达方式会帮助人们理清思路，突出重点，层层递进。

> **手艺人IP小作业**
>
> 梳理自己的账号名称，以及自己能给别人带来的价值。
>
> _____
>
> _____
>
> _____
>
> _____
>
> _____
>
> _____
>
> _____

（5）科学拆解

　　科学拆解是经营个人IP的"捷径"，正如画家往往都是从临摹大师的作品开始一样，手艺人建立自己的个人IP，也可以从拆解业内比较牛的，或者自己喜欢的其他手艺人账号开始。拆解时不仅要站在买家和用户的角度，更要站在经营者的角度，甚至是更高的"上帝视角"来观察，分析对方账号的运营特点、经营模式等。比如一条别人的视频流量很好，你要去思考是为什么。看到一条视频流量不好，也要去思考原因，自己尽量避免。注意科学拆解是从别人身上学到东西，经过消化和理解，转化为自己的内容，一定不是百分之百地抄袭。

拆解账号的几个方向是：IP人设、手工作品、选题、封面、表现形式、文案等。

账号拆解小作业

尝试拆解5个你喜欢的爆款视频，从下表里的几个角度来分析这5个视频里可以被学习的地方。

视频流量或打动你的地方	
标题	
封面	
人设感受	
表现形式	
文案	
其他亮点内容	

（6）爆款短视频万能公式

这点和前面提到的手艺人建立作品创意"灵感库"有一些类似。想要获取流量，也要建立自己的个人账号"内容库"。给大家分享一个短视频的爆款公式：

$$爆款视频 = 钩子 + 故事 + 利他价值$$

钩子，就是在视频的标题和开头时要出现吸引人的话题，比如，"在家做手工8年，我是怎么赚钱的？"让人对你的视频内容产生好奇，像一个钩子一样，让人想要看下去。

故事，也是非常重要的一部分。希腊哲学家柏拉图说过："会讲故事的人统治世界。"人们天然对故事有好奇心和亲切感，好故事能拉近你与粉丝的距离。博主通过故事的讲述，能让自己有血有肉地呈现在粉丝面前。故事也容易被记忆、传播和产生共鸣。比如，前面的例子"在家做手工8年，我是怎么赚钱的"，相比于生搬硬套的教条理论，大家更爱听有温度的真实故事。

有很多学员说自己不会讲故事，或者说自己身上从来没有发生过什么故事。其实只要你细心挖掘，我们每天都在发生各种各样的故事，只是你太习以为常，没有把它们总结下来。

怎么总结？给大家分享一个讲故事的万能公式。不知道你会不会和我刚学到这个公式的时候一样吃惊："什么？讲故事还有公式？"是的，讲故事不仅有公式，而且还有很多。下面这个是好莱坞作家总结的叫作"英雄之旅"的故事公式，由于和短视频高度契合，所以被很多博主应用过。

这个公式的具体流程是"平凡世界—冒险召唤—接受挑战—假性成功—终极考验—转变—终极成功"。很多小说、影视作品都是按照这个公式设置剧情。当然每个人的故事的侧重点不一样，如果你不会讲故事，不妨把自己的真实经历按照这个流程梳理一下，讲给你的粉丝听。

记住，在个人IP里，讲故事是为了表达自己的观点，传播个人品牌的形象，所以故事要围绕这一要点展开。当然，和创作一样，当你成为讲故事高手的时候，就可以忘掉这些公式套路了。

短视频拍摄小作业

利用短视频万能公式写一篇文案脚本。

_____

_____

_____

_____

_____

_____

_____

（7）迭代更新+持续发力

关于迭代更新和持续发力，其实是一条"不归路"，是长期的坚持，稳定输出的秘密就是稳定输入，能督促你不断学习进步。就像乔布斯的演讲里说的，"stay hungry, stay foolish"（求知若渴，虚心若愚）。

另外，记得关注自己的感受，在没有获得及时正向反馈的前期，即使在遇到"流量荒漠"时也要知道，每一篇笔记的发布都不是毫无意义的，都是在为日后爆发式增长铺下的阶梯。即使没人看到你，也不要妄自菲薄，记得奖励完成推广任务的自己。

> **手作创意小作业**
>
> 思考如何有目标地制订学习计划,让自己处于持续输入的状态下。
>
> _____
>
> _____

(8) 作品是你最好的名片

自媒体是什么?网络平台是什么?我认为是工具。可能这样理解有些不近人情和冷冰冰,但归根结底,无论在哪个平台,与何种用户连接,网络的用处都是连接,和更多的人产生连接,让更多人可以看到你的观点和作品。但是自媒体是奇妙的放大器,而不是发生器,它可以帮助你增长,帮你压下你的商业杠杆,撬动更大的价值,这些的前提是确保你在放大之前是有作品、有内容的。

我经常会和我的学员说,作品是手艺人最好的名片,因为作品是手艺人做个人IP不能绕开的内容,是手艺人知行合一的表现方式。有些手艺人从来没有真人出镜,但是作品放在那里,自己就会说话、会表达、会触动很多人,从而自动产生连接。

创造作品的过程是漫长的,需要热爱,需要方法,更需要长期的坚持。用作品打动客人是所有手艺人的梦想。在自媒体时代,手艺人这个身份本身也是一个立体的"作品",好的个人影响力和好的作品之间会互相成就。

（9）手艺人温度人设

下面和大家做一个小游戏，说到"手艺人"这三个字，你的第一感受是什么？如果你是手艺人，你希望自己是什么样的？或者希望给他人的感受是什么样的？

"人设"这个词给人的感觉往往是虚假、是欺骗、是演出来的。但"人设"的真正意思是什么呢？是"人物设定"，或者我觉得可以用"人生设想"来表达。所以人设可以作为目标，再在持续地输入和输出的过程中，在互联网粉丝的关注下倒逼自己成长。但是最好不要完全伪装成别人，因为那会无比辛苦，也难以长久。最好的方式是，在互联网上建立自己认同的人设的同时，渐渐也活成自己最向往的样子。在自己喜欢向往的基础上，在创造价值的同时，也让互联网督促你成长。

> **手艺人IP小作业**
>
> 你现在给人的积极感受是什么?
> _____
>
> 你希望成为怎样的人,给别人带来何种印象?
> _____
>
> 你觉得你在互联网上展现出怎样的形象能加强别人对你个人IP的信任?
> _____
>
> 为了达到这个目标,你还需要做的努力有哪些?
> _____

(10) 认识、认知、认可、认购

就像前文说的,人们听到"运营"这个词往往第一反应就是赚钱,我在小红书或者其他平台上发现,带有"快速变现"标题的内容,会更容易有热度或者变成爆款。但是真实的用户不是这样的,真正的运营也不应该是本着赚急钱和快钱的目的。

因为用户是活生生的人,有认知、有情感、有判断,用户在观察、在思考,一个用户从接触到一个手艺人的作品和个人开始,往往都会经历"认识、认知、认可、认购"的过程,越是高价的产品,在一个人刚开始"认识"你的时候,越难产生消费。但用户认识你之后,慢慢对你产生了"认知",知道你是谁,你在干什么,更加地了解你。再到"认可"这一步,产生信任,"信任"是非常宝贵的触达,可以说所有的交易都是建立在"信任"的基础上,我们做账号也好、做个人IP也好,其首要目的都是让用户对我们产生信任,从而兑换信任,愿意和你产生"认购"行为。而获得信任后,我们也一定不要辜负信任。

"认识、认知、认可、认购"在一些营销学书籍里被定义为用户的加热过程,也是人和人之间建立更紧密连接的过程,在用心做事、人情往来过程中总有善缘产生。

第五章
手艺人是世界上最踏实的职业

1　当下的真心 /096

2　以我的手抵达我的心 /097

3　终身学习 /098

4　手作人生的本质和真相 /100

与其把一切都牺牲给永远不来的未来,眼前的这个人、手中的这件事、当下实实在在的生活,用心对待每一个此时此刻,就等于诚心诚意地度过了一生。

——陈果

1 当下的真心

做一个手艺人,要有手艺、要会创意、要懂生意,这些都非常重要,但是比这些更加重要的是手艺人"当下的真心"。

我在《剑术与禅心》中第一次接触这个词,"当下的真心"是什么呢?是你全然和手作在一起时的宁静享受的状态;是在剥离了一切外界条件后,依然笃定地确认自己的热爱;是你和手作在一起时不知不觉就能获得的"心流"体验;是你不需要被认可,不需要被反馈,甚至不需要被任何人知道,不因为未来牺牲现在;是做起手工的此时此刻,就能获得莫大的餍足与喜乐。

人生中极大的快乐,就在你无条件地沉迷于某一件事情的当下,通过手中的劳作,达到"手忙心闲"的那一刻,全然忘记自我的那一刻。生命中最正常的事情就是无常,在瞬息万变、一刻不停留的时光中,我们能有自己的不变,就是全然专注的心流时光,在这不变的当下时光中,安住自己,与无常共存。

就像我的偶像王潇老师说的:"一个人得找到令自己沉迷的事物,这个至关重要,比找到同类还重要,越往后越重要。沉迷里面本身就是审美、自由、爱和幸福，是我们身为灵长类所能体验的颅内巅峰。至于沉迷的事情是否能够增益他人、是否挣钱都在其次，或者说其实不重要。世间唯有沉迷，自我就是宁静，当下就是珍贵，过程就是结果。"

世界上有什么东西是真的属于我们的呢？活在世间的我们又是谁呢？是女儿？是妻子？是妈妈？随着无常升起，所有的身份似乎都可以剥落，与我们别离，唯有手艺人的身份，唯有当下的真心，只要你愿意，它会时刻陪伴着你。就像苏东坡笔下写的："惟江上之清风，与山间之明月。"只有当下，只有此刻，"是造物者之无尽藏也，而吾与子之所共适"。

2 以我的手抵达我的心

我之前在一本杂志上看到一个词"以手抵心"，有一种被击中的感觉，手艺人通过手中作品的制作，一笔笔、一丝丝、一缕缕地绘制或编制，一种类似木鱼敲击的重复动作，让自己的心渐渐安静、柔软起来。在双手忙碌的时候，其实内心是放空的，是享受的，从而进入手忙心闲的状态。手艺人通过手作表达自己、治愈自己，让自己变得更松弛、更宽容。重复又有创造力的劳作，日日挥刀的坚定，不急不忙的长进，手艺人的快乐不足为外人道，我愿称之为世界上最踏实的快乐。手艺人通过自己的双手可以做手工赚到钱，走遍天下都可以找到谋生的方法。

在手作的小世界中，手艺人也可以全然安住在当下，和外界拉开一定距离，渐渐养成一种定力。当烦恼升起，手艺人在自己设下的"结界"里，可以安静地观察无常，并用这种稳定和无常对峙。

3 终身学习

我一直不算是一个好学生,从小到大都是中等生。但是随着人到中年,我发现自己真的从"终身学习"这件有点老生常谈的事情里尝到了甜头。学到新的东西本来就是一件让人兴奋的事情，还没开始做就已经很有趣了，把学到的内容实现的过程更是快乐加倍。然后得到的成果，长在自己身上的本事，更让人脚步轻盈，似乎能飞起来。所以终身读书、上课、学习，是我送给自己的礼物。

有很多学员问我：喜欢的东西太多，但是样样都不精，一直在学习的路上却无法深入，也无法变现，怎么办呢？我的看法是：能对很多事物抱有好奇心，有学习的热情，本身就是一件很了不起的事情了。不过既然意识到自己无法深入、无法变现，就说明这已经成为困扰这位学员的问题。那么不妨选择一个领域深入系统地学习，更高的难度也能带来更深的乐趣，深度下的广度才有效。如果说人生像滚雪球，那最主要的是找到更湿的雪和更长的坡，也就是给自己找一条长长的坡道，只有这样，才能让你的雪球越滚越大，这也是经济学家们常说的要做有"复利"的事情。

选择在一个领域积累得久了，深入地了解学习了，你会有足够多的经验和自信，以及更强的核心竞争力。打磨你的核心竞争力可以让长板无限延长，你会发现，年龄真的是个好东西，长时间沉淀下来的都是宝贵的经验。人生太短也太长，如果爱惜自己的身体，能活到80岁，在这个无限坡道的延长线上，我们都将是"威风凛凛""德艺双馨"的老手艺人。

4 手作人生的本质和真相

"真没想到我居然能出书",在我8年前刚开始接触手工的时候,我从来没有想过我可以把自己的想法通过书籍的形式传播出去。但可以确定的是,我不想要麻木地工作,不想要单纯地用时间换钱,不想要名牌包包。那这8年来我想要什么呢?现在回想起来,我想要的东西一直没有变过,从公司辞职、学习手作、自创创作方法、学习拍照、拓展变现模式、着手运营个人IP,在这些表现的下面,我想要的东西一直都是自由。

对于手艺人来说,手作是老天赐给我们的一颗糖。有时候我会想,为什么我会选择让手作在生命中占据这么重要的位置呢?做了几年手作后,心中有了一个隐隐的答案:人生太苦了,老天怕我们受不了,就把这座"后山"赐给了手艺人,让我们可以躲在里面,停留、休息片刻,补充一些能量,吃一颗"糖",调整一下节奏,或者就是单纯地在里面静一静、待一会儿,欣喜半日或者痛哭一场。

8年后的今天,我还在这条路上摸爬滚打。一个小小的心愿是希望自己和更多手艺人能让时间自由,让技术自由,让创意自由,让变现自由,让人生自由。自由于我的感受是能看到远处的山峦、天边的晚霞,能晒到温暖的阳光,能呼吸到从四面八方吹来的清凉的风。也希望这本书能给你带来一丝丝启发和离心中的自由更进一步的可能。

手作创业小作业

理性地梳理自己的现状,找出自己需要深入学习的内容以及未来的发展方向。

如果这本书对你有启发,可以以读后感的方式在小红书上@我,一起聊一聊未来我们应该如何经营自己的手作小事业。

第六章

手艺人的创业故事

案例1 原创材料包店主——萌物癖/104

案例2 布艺娃娃手艺人——板牙娜里/106

案例3 黏土手艺人——李小沐mumu手作/109

案例4 团建沙龙活动工作室主理人——喵爷77手工疗愈/112

案例5 Ob11娃娃手艺人——淇淇doll/114

颜颜老师对于手作创业的建议/118

案例1 原创材料包店主——萌物癖

最开始接触手工是一个偶然的机会，2014年的时候，我被一个身边的刺绣手艺人所触动，她的作品一针一线都无比精美，工作室布置得也很温馨，我感觉她整个人在我面前闪闪发光。我那时才发现，原来生活是可以这样过的，不是只有朝九晚五枯燥重复的工作。

后来我也慢慢摸索学习羊毛毡手作，然后注册了一家淘宝店铺，慢慢开始接订单，正式开始了全职手艺人的生活。我的店铺主要销售手作材料包，已经经营了8年，目前有12万粉丝。经营这个手作材料包生意的工作流程是：设计—草图—制作—修改完善—录教程—拍照—印刷—做详情页图—上架—做配方表—打包发货—剪教程—发公众号。

这种变现方式有四个非常重要的注意事项：

① 货源要能长期供应；

② 材料包内材料要配量充足，一般要按实际用量的1.5～2倍配量；

③ 要仔细计算材料和物流成本；

④ 尽可能地帮客人省事。

靠着手作材料包的变现方式，我取得了一点成绩，成功给自己买房买车，说起来也是让我感到很骄傲的事情。后来因为疫情及大市场的影响，我遇到了瓶颈，于是想在小红书上寻求发展。

遇见颜颜老师是在2022年10月，我在她的一场直播里提问，想要她帮我看看账号，没想到她说她之前也到我的店铺买过东西，缘分就是这么奇妙。后面的沟通中，我被她的语言智慧和真诚打动，于是马上报名了她的手艺人成长训练营。报名后，我天天期待上课，每次直播都认真记笔记,"原来运营是这样""做视频是需要这样的"……我每天如海绵般汲取着新的知识,也终于有了努力的方向,不再盲目前行。我学会了做手工事业的心法:不急不懒。

后来颜颜老师鼓励我做个人IP,做自己的课程。最开始需要写文案和录制露脸视频,社恐并且文案能力、表达能力都极度欠缺的我,艰难地录制了一个下午,勉强完成了一个视频。再就是继续写文案、录视频、直播。每一步对我来说都无比艰难,她总是能给我坚定和陪伴的力量:"这件事在你开始准备做的时候,就已经成了!"每当我觉得很艰难、想退缩的时候,她总能给我信心和底气,"我一定能行"的底气。一晃一年过去了,我的成长真的是突飞猛进,一个月就涨粉了1万,这是我之前想都不敢想的。

接着就是训练营招生开课,新的困难又来了,因为这是直播课,天知道我以前是站在教室讲台上都无比紧张的人,要面对学员讲课是要做多大的心理准备。于是我开始疯狂备课、写稿子,终于一个多月过去了,这件以前觉得不可能完成的事,我居然做到了!真的非常感谢她,她是在我手工路上的恩师。

手工对于我来说,是生活的一部分,我很享受把自己的想法变成实物的过程,也享受用这门手艺变现的过程。手工改变了我的生活,在做手工的过程中,我收获了太多,认识了很多同样优秀的手艺人。我和颜颜老师一样,都要做手工做到80岁!直到做不动的那一天!

案例2 布艺娃娃手艺人——板牙娜里

2015年,学习室内设计专业的我,随着孩子的降临而结束了自己的职业生涯。孩子一岁时,婆婆给他做了一个布偶娃娃。看到它的一刹那,我的记忆一下子被拉回了童年:80年代初,北方寒冷的冬日里,唯一可以取暖的就是那一方土炕,炕头上小女孩抱着缝补过的布娃娃,依偎在大人的怀里玩耍。这个画面是我童年里最深刻的印记。

尘封的记忆唤醒了我喜爱娃娃、喜欢手工的热情。于是我尝试到各种网络平台去搜寻资料,也尝试用不同的方法来制作娃娃。由于可供参考的资料非常少,做出的几个娃娃都存在各种问题。直到有一天我在微博上看到一位博主分享了一组以金属为支架做的娃娃,并且简单介绍了制作过程,娃娃可以通过弯曲四肢来摆出各种动作和不同的造型,这太有趣了!我一下子就被吸引了。于是迫不及待地买来材料并且把她制作了出来。我把第一个支架娃娃发布到社交平台上之后,收获了很多朋友的喜爱和赞美。从那时起,我不断地尝试用不同的表现方式去制作娃娃:我会尝试把朋友的人物插画做成娃娃,也会把身边的朋友做成娃娃。不久后,我就收到了几个定制娃娃的订单,没想到自己的一份热爱还可以换来收入,我至今依然记得当时给顾客报价时的忐忑,以及收到第一笔预付款时的欣喜。

之后订单量不断增加,但问题也随之而来,受制于纯手工制作,完成一件作品需要三四天甚至一个礼拜的时间,我迎来了手作的第一个天花板。而且人像定制娃娃,不能自由地发挥创作,这也让我很困扰。当初做手工时的那份乐趣,在渐渐地离我远去。

生性爱自由的我,不允许自己被束缚,于是我决定放弃做娃娃去尝试更多的选择。画画、瑜伽、烘焙……不管做什么,我都努力地去完成,也很能自得其乐,但是做娃娃始终是我挥之不去的梦,于是我决定重新开始。我尝试把作品系列化,以自然界中的动物、植物为主题,采用天然的棉麻织布制作衣服,也大胆地尝试把不同的材质与作品相结合,比如毛毡等材料,创作出了一些有趣的娃娃作品,也开始了我真正的创意之路。兜兜转转,我觉得人生就像绘画,每一笔都是在画我们自己,人生的每一步路都不会白走,时间会给出最好的答案。

2022年对我来说有着特殊的意义。当我决定要把手工作为事业来发展却又不知该如何开始的时候,我有幸遇到了颜颜老师。不经意间刷到了老师的笔记,我的第一印象就是觉得这个女孩子笑起来好有感染力。点进主页发现几乎每一篇笔记都关乎手作,认真看下来觉得很受启发。知道老师有手作训练营后,我便毫不犹豫地报名了。开始上课后,我发现课程内容远远超出预期,从运营到拍照、从各种手工技能到优秀大咖分享、从向内修心到向外修身,都让我受益匪浅。于是我又报名了老师的一对一私教课程。通过不断的学习,我对自己的发展方向更清晰了。在老师的帮助下,我快速地成长了起来。感谢颜颜老师毫无保留地传授经验,也感谢当时自己的选择。

目前我的手作变现形式是:经营一间小而美的线下手作工作室、原创布艺娃娃成品出售、参加手作集市、开展线上手作娃娃课程。由于我一直坚持原创,并且重视作品的拍摄和发布,也得到了很多粉丝学员的喜欢。

手作对我来说是自由,让我可以活在自己的节奏里,专注地去做自己喜欢的事情。手作于我而言,还是力量,是自我救赎的力量,它让我发现内在的光亮,让我看到了前行的方向。

案例3 黏土手艺人——李小沐mumu手作

我从小就喜欢各类手工和画画,大学也是美术专业毕业,走上社会之后虽然没有从事美术相关行业,但还是把手工当作副业,一直经营着,而且取得了中国台湾的黏土师资证书。

其实早在10多年前(2012年),还是一个18岁的高中生时,我就有过手作创业的经验了,大概坚持了一年多。那时虽然每个月都有稳定的小收入,但后来碍于一些技术上和运营上的卡点无法突破而告一段落。在大学的课余时间,我在一家儿童美术教培机构打工,从兼职的助教到能设计一套自己的主题课程,那段时间是我渐渐将黏土课程系统化的阶段。黏土和美术教学的过程让我逐渐发现了自己对手工和教学的热爱,也在心中默默地埋下一颗热爱的种子。

大学毕业后,经过几年的海外就业经历,我渐渐地发现自己还是对自由有着非常大的渴望,虽然我的工作除了时间不自由外,同事关系、工作发挥等都还是挺好的,但是那颗渴望自由的"种子"总是时不时唤起我的那份热爱,也是因为这样就算我上班再忙再累,也一定会挤出时间来做手工。

我希望我的作品可以得到认可,所以又再次展开了我的人生第二次手工创业。期间我合作过一些百货公司和文创店的驻点寄售,在休假期间做过手工活动,承接过企业定制。虽然这样真的是很忙很累,但是也因为这样,提高了我的收入,让我能继续投资自己,在手作的道路上继续前进。

在这个过程中,我对于自由的渴望越来越强烈,也注意到了自媒体的风口,进而认识了颜颜老师,并跟随其学习。在课程的学习中,我从一开始完全没有概念的小白,到能够将手作与个人融合到短视频中展示自己的优势,进步巨大。经营个人IP让我多了一个展示、宣传自己的窗口,也在平台上收获了破万的粉丝以及多位线上课程的学员,这真的是我在手作副业的道路上从来都没有想过的一种模式,更意外的是我居然达成了目标,又实现了一次自我突破!

一直在海外就业的我,地域与时间上的不自由,主要通过以下两种手作变现模式进行突破,下面也分享给大家参考。

〈模式一〉

与百货公司和文创店合作

以寄售形式卖出手作产品与推广自己的个人品牌。这种模式非常自由,不受地区和时间的限制。也因为合作的是相对高端的百货公司和文创店,高单价的商品照样有人买单。

〈模式二〉

黏土证书课程(线上+线下)

我推出了成熟、系统的黏土教学课程,帮助学员取得中国台湾最大的黏土推广协会的各类证书,无论是个人还是企业都可以在学习之余获得一个额外的认可与证明。因为是4～5位数的高价课,虽然需要花更多的时间与精力去交付,但是同时可以吸引到B端与C端的用户,为自己带来更多的资源与可能性。

未来我还是希望能在艺术相关领域耕耘,可能是工作坊主理人,或者是艺术创作者。我会在这条道路上继续努力下去,因为对手作的热爱,也因为想要自由的渴望。

案例4 团建沙龙活动工作室主理人——喵爷77手工疗愈

我是一名手艺人,拥有一家属于自己的手作店铺,营业四年间收获了3000多个手工DIY的客户,同时成功举办了200多场团建活动。我是在2019年开始经营手作店铺的,那个时候的我也是一个零基础、零粉丝、零资源的状态,战战兢兢地摸索了半年,踩了无数的坑,终于学会了怎么做到有效宣传,所以店铺在2020～2021年处于超级大爆发的时期,不仅本市的客户,就连省外的客户也会慕名而来。但在2022年,我的实体店的营业额下降了很多,我开始焦虑、长期失眠,导致身体状况越来越差。也有过那么一瞬间的迟疑,想着要不要放弃算了,可我还是不甘心,所以开始疯狂地学习运营、学习技术、做线上自媒体、做市场调查,寻找需要手工的客户。不懈地努力后,我终于找到了突破口,在经营手作店铺的同时开始接谈大量的手工团建活动,从刚开始零零散散的几场活动,到后来的10场、50场、100场……也因此很荣幸地成为广州市文化馆手工课堂的主要负责老师,被央视新闻和本地多家媒体报道,让我有了更多的机会。至此我经营的手作店铺已经不仅是当初单纯的经营模式了,它成为我盈利的媒介。我还和很多企业签订了长期团建的协议,这为我的工作室带来了稳定的现金流。

下面推荐五款低门槛的手工活动,给想做手作沙龙的新手参考。

① 描金彩绘玻璃杯。

② 黏土手作。

③ 石英砂肌理画。

④ 扭扭棒手作。

⑤ 香薰蜡烛。

我是在2019年开始接触小红书的，那个时候没有什么目标，也找不到让我感觉优秀的同行，我对于如何经营小红书也是一知半解。直到2022年，我突然刷到一个视频，内容让我非常有共鸣，感觉发现了一个宝藏博主，这位博主就是颜颜老师。之后我在2023年的一天无意间进入了老师的直播间，那段时间我刚好在尝试做线上训练营，发现老师的训练营各方面都做得很优秀，所以我毅然决然地报名了七期训练营，颜颜老师的存在，于我而言是温暖且有力量的陪伴。"想要加快前进的步伐，需要良师的指引"，这是我这四年独自创业深有体会的事。

手作对我来说是我生活的一部分，是我的爱好，也是能让我盈利的事业。手工创业更是让我不断地超越自我，实现自我价值。手作对我来说，还是能抒发情绪、疗愈心灵的媒介，无论是对于孩子还是成人，手作的过程都是一次与自己内心的对话。在这段袒露心扉的时间里，我们见天地、见自己、见众生。

案例5 Ob11娃娃手艺人——淇淇doll

我小时候就特别喜欢手工，上学的时候最喜欢美术课里的手工课程，那时候老师教我们折纸，我会一直缠着老师把这个折纸学会。我也喜欢让爸爸的同事教我折千纸鹤和塑料管子的星星。读初中的时候，同学们都喜欢让我给他们折一些高跟鞋、玫瑰花之类的，那时候还挺有成就感的。

我是个急性子，有时候做一个东西，就想快点做完，一次熬夜织围巾后，爸爸觉得做手工影响学习，把我织的围巾扔进了垃圾桶，之后我再也没有碰过手工。

在我工作之后，晚上有很多时间可以做别的事情，我不想一下班就玩手机来打发无聊的时间，就又做起了手工，开始做的是折纸，有小马、小松鼠、小狗等各种可爱的小动物。

孩子出生之后，我全身心地投入妈妈的角色中。那时候属于自己的时间很少，直到孩子加上辅食之后，我才慢慢地有了一点自己的时间。孩子午睡和晚上睡觉的时候，我开始尝试做黏土手工，同时也在精进自己的技术，但一直没有确定自己适合哪个方向。

后来我的一个闺蜜要结婚了，让我给她做一个花束，我当时不知道怎么定价，流程也不是很清楚，做着玩也没有想过要卖出去，费了好大的精力去给她做，几乎是几天几夜连着做黏土花朵，但是当我都做完了，她直接来了一句：不要了。这件事让我很受打击。我感觉自己是那种很容易陷入情感内耗的人。这件事情之后，我整个人都很颓废，对自己的作品没有信心，就没有再继续做黏土了。

直到有一天，我看到一个可爱的小娃娃，小小的一个，很治愈。我心想："怎么可以那么可爱呢！"瞬间又勾起了我的手工激情，之后我又开始我的捏娃之路。一开始我不够自信，不敢尝试人偶，捏的都是小猪、小兔子之类的小动物，还给它们做了小衣服。后来我卖出了我的第一个小猪，我记得售价是38元。现在我还能记得自己当时兴奋的感觉，因为终于有人认可了我的作品。对于捏人偶娃娃，我还是害怕失败，做了一段时间的小猪之后，我才决定尝试捏制人偶。之后我开始学习如何捏人偶娃娃，第一个月学习基本的方法之后，我在个人账号里开始分享零基础捏娃打卡小红书养成系列作品，收获了一些也喜欢捏娃的粉丝。现在我也有了自己从0到1捏娃的基础小课。

回头看看自己以前的作品，我觉得现在的作品还是有很大的进步的。虽然进步很慢，但是有进步总是好的，我目前需要做的就是继续精进我的作品，认真地对待我做的每个娃娃，希望会有更多的人喜欢它们。

与颜颜老师的相遇，是在我找对标账号的时候。2022年5月我开始了我的小红书运营之路，有一次我刷手机直播正好看到颜颜老师在给直播间的小伙伴分享她最近看过的书。那时候的我很迷茫，我是捏娃的手艺人，找对标账号对于我来说，根本就不对口。缘分让我在迷茫的时候遇到了颜颜老师。后来我报名了她的专栏课程，学习了她的小课中的"如何找爆款选题"和"账号运营方法"。但是我做了一段时间小红书之后，新问题又出现了，我不会做创意，同时我还很叛逆，不想做那种千篇一律的娃娃，加上我的娃娃辨识度不是很高，进入手作行业一年多也没有变现，于是我就报名了颜颜老师的训练营，她教我如何用六步法做创意，如何做公域和私域，并且在这期间我和她达成了一次共创合作，创作了四款娃娃胸针，受到了很多朋友的喜欢。现在的我学会了做创意，学会了静下心来做东西，而不是想到什么就做什么。未来我会继续精进自己的技术，做出更多、更好的作品。

结课后，我又与颜颜老师进行了一次共创合作，我做娃头的部分，她做毛毡的部分，两种手作材料碰撞到一起，居然有不可思议的效果，小红书的粉丝都很喜欢。那次合作让我经历了人生中第一次爆单，没日没夜地一口气做了几十个娃娃，也赚到了手作事业的第一桶金。这次尝试点亮了我，让我知道我的作品是可以被很多人喜欢的，于是我更坚定地多做原创，对娃娃的造型把控也有了新的理解。

目前手作对于我来说，更像是一个灯塔，指引着前方的道路，让我走得更加坚定。在手作的道路上，尽管有很多困难的事，但是当作品做完后的那种成就感是无与伦比的。我会一直在手作的道路上坚持下去，做出更多让人喜欢的娃娃。

颜颜老师对于手作创业的建议

看了上面的这些手艺人的手作创业经历,可能很多读者都有尝试全职做手作的冲动,确实,作为一个全职手艺人,你的每一分每一秒都是自由的,能和自己喜欢的事情在一起,所有的工作时间都由你来掌控,这种感觉实在很棒。然而,不那么棒的是你需要自负盈亏,需要承担风险,需要顶住可能会面对长时间不开单、没有收入的压力。而且任何一份喜欢的工作里,都可能伴随着我们没有那么喜欢的部分。所以我不建议大家裸辞,因为太大的压力可能会对手作事业造成毁灭性的打击。

如果你非常渴望自由,我建议你在辞职前至少要做两个方面的准备。

(1) 一技之长

很多人说世界上最幸福的人是把爱好变成工作的人,也有人说,爱好变成工作是不可能赚钱的。我们先不着急表达自己的观点,理性地分析一下,如果爱好变成工作怎么能赚钱,我认为是你的爱好要至少做到市场的中上等水平。因为爱好一旦开始用来谋生,就不仅仅是自己的事情了,需要用市场来检验,赚到钱也是真实世界给我们优秀表现的回馈。但如果你只是喜欢,但是其实水平一般,那爱好就仅仅能停留在喜欢了。

所以,我建议你在辞职前,确保自己已经掌握了一门可以安身立命的技术,且经过不断练习让自己达到手作市场的中等偏上水平了。

(2) 有一定的经济基础

在播下一颗种子,到等待它开花、结果的过程中,至少要让自己的经济情况不过于窘迫。很多手艺人在全职做手工的前一段时间都是坐过"冷板凳"的。真实的情况就是，我们需要保持基本的生活保障，挨得过一个成长的周期，才更有可能看到这颗种子开花、结果。

　　记得前面我和大家讲过我的辞职故事吗？那时我是准备了一小笔创业资金和用于日常花费的存款的。如果再给我一次机会，我可能会选择先从手作副业开始，一边上班，一边利用假期和周末提高手作技术，达到一定水平或者至少卖出一个作品后再辞职。这样也许我的起步会更轻松。但是人生没有如果，我们在人生大事上，要慎重地做出选择。另外，世界上没有所谓的"对"的选择，你选择了什么，就要用尽全力把它变成对的选择。

写在最后

  我的第一位人生导师出现在我18岁那年。那时候我高中没毕业,想要闯出老家去北京上大学,但是高考模拟考试的分数远远不够,于是我孤注一掷决定从高三开始学美术,走艺术生高考的道路。我到北京北六环找了个集训的画室学习,由于没钱,只能住在半地下室的宿舍。宿舍没有阳光,却有蟑螂,冬天的画画集训让我的手上没有太大的画技进步,却有冻疮生出。但是相比于身体的苦,更让人难耐的是对未来的迷茫,眼高手低、没有方向。那段时间在我的记忆里是一张张废掉的画稿,是反复修改以至于被橡皮擦漏的纸张,是看到别人轻轻松松地画出准确的素描结构后急得偷偷憋红的眼睛。

  我能考上吗?这段时间的努力会是徒劳吗?会有奇迹发生吗?

  和通常励志电影的剧情走势不同,奇迹并没有发生,最终我也没有考上理想的美术学院。但是奇迹又发生了,因为这一年的一次相遇对我的影响深远,它就像一层层不断蔓延的涟漪,18岁的涟漪越过了层层水塘,一直震荡到了今天,蔓延到了35岁的我身边。

  那是在一个下午,我刚吃完画室对面市场的鸡蛋灌饼。一个陌生的女生来到画室东张西望,她穿着干净简单的白色T恤、浅蓝色牛仔裤,背着一个双肩背包,看起来感觉应该比我大几岁。但她不似我同龄女生的紧张,有着姐姐的从容和一双好奇的眼睛。后来画室老师介绍,她是清华大学英语专业的大三学生,来画室给我们这些美术生做英语课程的支教。清华大学呀,我心里对她肃然起敬,但是表面当然不能被察觉,还是要表现出多少的不屑,青春期真是奇怪,越是想要钦佩的东西,越是要表现出没什么大不了的，真是集自卑和自大于一身的矛盾生物。

　　我假装拿笔在画板上起草图，实则偷偷看她。乍看起来，清华大学的学生和其他人好像也没什么不同，但是课堂上，我不得不承认还是有一些不同的，或者说和其他我上过的课程都不同。这个小老师只比我们大三四岁，她会在课上给我们讲自己考大学的故事，给我们看美剧的热血视频，会在试卷上给同学们写留言，两个月的支教课快要结束的时候，她站在教室的中间给我们清唱了一首歌，名叫《最初的梦想》。"如果梦想不曾坠落悬崖千钧一发，又怎会晓得执着的人，拥有隐形翅膀。"她站得笔直，字正腔圆地真诚哼唱。情绪积压已久的我不知不觉地疯狂眨眼，控制面部肌肉，憋住不哭，却鼻涕眼泪都堵在面中部，只能颤抖着用力吸住。因为怕同桌发现，偷偷瞄她，结果发现她和我一样，抿着嘴巴红着眼睛，并悄悄给我递了一张纸巾。

　　回想起来那真是一个缺少偶像力量的年代，在老家的高中里，同学们崇拜名牌、崇拜耐克和阿迪，老师们崇拜分数、崇拜出勤率和证书。那是我人生最迷茫的阶段，我的妈妈总是和我说："家里条件一般，你要好好学习才能买同学都喜欢的名牌。才能过上有钱人的生活。"可惜我学习并不好，也不想过买名牌的有钱人生活，因为我从心里根本没有任何对那种生活的向往。

　　这个清华小老师的出现，让我知道我想过什么样的生活，让我知道我也想给他人力量，想给他人勇气，想给他人方向，想给他人的生活带来一丝丝光。后来我的"骄傲"确实如歌词里写的一次次被现实大海冷冷拍下，梦想也确实跌落悬崖，沮丧过，孤独过，但那段歌词、那次的清唱实在太动人，面中部憋住的眼泪、鼻涕后劲儿实在太强大，强大到让我在疲急的时候也能走出轻快的步伐。

记得有一次随堂测验，清华小老师在我同桌的英语卷子上写道："其实人生不是每次都要争第一的，但是对你重要的事情，一定要竭尽全力，去拼一下。"这句话虽然不是写给我的，却一直影响着我。17年前偶然遇到的小老师，我甚至连她的名字也没有记住，但我记住了那朵涟漪、那团能量。

高考前的我就知道人生好难，奇迹更难发生，梦想很难到达。17年后，经历过很多谷底，现在的我终于渐渐触碰到了梦想的边缘，呼吸到一点点自由的风。如今我也做手作训练营的老师，即使没有被记住名字，我也希望能给我的学员们在心里埋下一颗小小的种子，荡起一朵小小的涟漪。因为有人曾照亮我的暗夜，我也希望自己能成为别人昏暗夜路上的一点光。在他们需要面对自己寒冷的宿舍、混沌的教室、看不清的线条、迷茫的人生、心里发虚的时候，给他方法，也给他力量，并在他耳边哼一首《最初的梦想》。